빠르지 않아도 괜찮아,
아이와 걷는 지금이 좋아

빠르지 않아도 괜찮아, 아이와 걷는 지금이 좋아
발길 닿는 대로, 미국 국립공원 트레킹

초 판 1쇄 2025년 06월 24일

지은이 김진아
펴낸이 류종렬

펴낸곳 미다스북스
본부장 임종익
편집장 이다경, 김가영
디자인 임인영, 윤가희
책임진행 김은진, 이예나, 김요섭, 안채원, 이예준

등록 2001년 3월 21일 제2001-000040호
주소 서울시 마포구 양화로 133 서교타워 711호
전화 02) 322-7802~3
팩스 02) 6007-1845
블로그 http://blog.naver.com/midasbooks
전자주소 midasbooks@hanmail.net
페이스북 https://www.facebook.com/midasbooks425
인스타그램 https://www.instagram.com/midasbooks

ⓒ 김진아, 미다스북스 2025, Printed in Korea.

ISBN 979-11-7355-287-8 03940

값 20,000원

※ 파본은 구입하신 서점에서 교환해드립니다.
※ 이 책에 실린 모든 콘텐츠는 미다스북스가 저작권자와의 계약에 따라 발행한 것이므로 인용하시거나 참고하실 경우 반드시 본사의 허락을 받으셔야 합니다.

미다스북스는 다음세대에게 필요한 지혜와 교양을 생각합니다.

빠르지 않아도 괜찮아, 아이와 걷는 지금이 좋아

발길 닿는 대로,
미국 국립공원 트레킹

김진아 지음

나의 동행자인 남편과 사랑하는 아이들에게

"Come to the woods, for here is rest."
-『Our National Parks』, John Muir

요세미티 국립공원

"the sacredness of the earth and the beauty of the quiet."
-John D. Rockefeller, Jr.

라스베이거스에서 그랜드 캐니언으로

그랜드 티턴 근처의 버거집

그랜드 티턴의 몰튼 농장

그랜드 티턴 산맥

옐로스톤

옐로스톤에서 글레이셔로 U. S. Route 89

"You will find yourself in the midst of what you are sure to say is the best care-killing scenery on the continent."

-『Our National Parks』, John Muir

자이언-마운트 카멜 하이웨이

"This desert flower No sweet perfume ever tortured me more than this…"
-<Desert Rose>, Sting

자이언 캐니언

"In the desert, you can remember your name."
-<A Horse with No Name>, America

아치스 국립공원

셰넌도어 국립공원 아랫마을

프롤로그	26
국립공원 트레킹 준비 팁 Top 10	29
국립공원에 도착해서 할 일 Top 3	39

1부 겨울, 느닷없이 서부로 떠났다

그랜드 서클에서 시작된 서부 여행		44
1장	죽음의 계곡, 데스밸리	46
2장	세쿼이아 숲과 암벽, 요세미티 국립공원	62
3장	시간이 빚어낸 거대한 협곡, 그랜드 캐니언	80
4장	그랜드 서클 여행 필수 코스, 페이지	100
5장	자연이 만든 기묘한 후두 숲, 브라이스 캐니언	118

2부 여름, 트레킹과 한 걸음 더 가까워지다

빙하에서 사막까지		138
6장	야생 동물이 노니는 대자연, 그랜드 티턴	140
7장	지구의 숨결을 느낄 수 있는, 옐로스톤 국립공원	162
8장	대륙의 왕관, 글레이셔 국립공원	192
9장	붉은 협곡, 자이언 국립공원	216
10장	지구의 인내가 빚어낸, 아치스 국립공원	240
11장	콜로라도강과 그린 리버가 만나는, 캐니언 랜드	264
12장	도시의 명암, 솔트레이크시티	280

3부 여름과 가을, 역사 깊은 동부로 떠나자

지구의 시간을 담은 길 위에서 292
13장 지구의 주름 애팔래치아를 걷고 싶다면, 셰넌도어 국립공원 294
14장 바다와 숲이 어우러진, 아카디아 국립공원 306
15장 최악의 국립공원 1위라고? 콩가리 국립공원 324

에필로그 334
부록 국립공원별 추천 트레일 337

프롤로그

트레킹의 사전적 의미는 '짐을 지고 도보로 여행하다'라는 뜻이다. 트레킹은 자연 속에서 걷고, 탐험하고, 경험하는 모든 활동을 의미한다. 우리 가족은 미국 최북단에 있는 글레이서 국립공원 빙하 호수에서 남쪽의 사막까지, 애팔래치아 산맥 일부분과 콩가리 국립공원의 범람원 습지를, 비가 내리는 협곡을, 눈이 쌓인 숲을, 해가 뜨겁게 내리쬐는 사막을, 태초의 모습을 간직한 듯한 빙하 호수를, 쇠사슬을 잡고 협곡 위로, 질척거리는 진흙을 밟으며 협곡 아래로, 천천히 느린 속도로 걸었다.

나와 남편은 따라잡아야 할 뉴스, 업무, 양육, 가사노동에 시달리고 있었다. 대부분의 시간을 가정주부로 살면서 가끔 프리랜서로 일하는 나는 세상에 뒤처지는 느낌이었다. 아이들과 미국에 오게 된 것은 마침 휴식이 필요했던 우리에게 행운 같은 일이었다. 하지만 미국에 와서도 한국에 돌아가면 아이들이 공부를 어떻게 따라갈까, 한국 학교에 잘 적응할 수 있을까 끊임없이 걱정했다.

분주하게, 성취에 중독된 채로, 일 중심적으로 살고 있었기 때문에 멈춰

설 시간이 필요했다. 미국의 국립공원 내에서는 핸드폰이 터지지 않는 곳이 많았다. 우리는 핸드폰이 울리지 않는 세계에서 더 진짜 세상과 연결됐다. 자연 속에서 흘러가는 대로 걷고, 숨이 차오를 때까지 웃고, 노래하고, 별을 바라보고, 길을 잃고, 야생 동물을 보며 놀라워했던 시간은 남편과 나, 아이들이 인생을 살면서 힘든 순간이 닥칠 때 나침반이 되어주리라 믿는다.

우리 가족은 1년 반 동안 미국에서 체류하면서 15개의 국립공원을 방문했고, 걸었다. 이 책에는 그중 13개 국립공원을 트레킹했던 이야기를 담았다. 이 책에 싣지 않은 두 국립공원은 트레킹과 거리가 있기 때문에 제외했다.

이 책을 잘 활용하는 방법은 다음과 같다. 첫 번째, 책의 첫 부분에 트레킹을 위한 준비 팁과 국립공원에 도착하면 해야 할 일을 담았다. 겨울 여행과 여름 여행의 들어가는 장에서는 여행 일정표를, 각 장의 첫 부분에는 국립공원 개요와 지도를 넣었다.

두 번째, 트레일마다 난이도를 함께 표기했다. 별 하나는 평평하고 정비된 길이고, 별 네 개는 경사가 가파르고 소요 시간이 5시간 이상인 길이다. 별 다섯 개는 쇠사슬을 잡고 걸어야 하는 위험한 곳이니 참고하길 바란다.

여행을 떠난다는 건 고생스러운 일이다. 아플 때도 있고, 날씨가 안 좋아서 숙소에만 머물러야 할 때도 있다. 피로로 인한 다툼도 잦다. 트레킹은 걸어 올라간 길을 되돌아 내려오는 고단하고 무의미한 일일지도 모른다. 하지만 길 위에서 우리는 가족으로서 서로를 만났고, 자기 자신을 만났다. 그리고 때로는 우리를 품어주기도 하고, 때로는 두렵게 하기도 했던 대자연과 마주했다. 고된 한 발짝을 떼서 낯선 세계를 걸어보자. 천천히 걸을 때 비로소 만나게 되는 소중한 것들을 발걸음마다 새길 수 있을 것이다.

국립공원 트레킹 준비 팁
TOP 10

1. 국립공원을 3개 이상 방문할 계획이라면 연간권을 구매하자.
2. 국립공원 관리청 앱(National Park Service)을 다운로드하자.
3. 국립공원 예약 앱(Recreation.gov)을 다운로드하자.
4. 트레일 앱(AllTrails, National Park Trails)을 다운로드하자.
5. 젠트라 홈페이지를 적극 활용하자.
6. 등산화는 사계절 필수품이다. 겨울 여행이라면 타이어체인과 아이젠도 준비하자.
7. 국립공원 방문 전, 사전 예약이 필요한지 꼼꼼히 체크하자.
8. 전기포트, 전자레인지용 찜기, 슬리퍼, 위생용품, 캡슐 세제와 고무장갑을 준비하자.
9. 필요한 지역의 오프라인 지도를 미리 다운로드하자.
10. 충분히 휴식을 취할 수 있는 숙소를 예약하자.

1. 국립공원을 3개 이상 방문할 계획이라면 연간권을 구매하자.

개별 국립공원 입장료는 공원마다 다르며, 보통 차량 1대당 30달러에서 35달러 사이다.

국립공원을 세 군데 이상 방문할 계획이라면 연간 이용권을 구매하는 것이 유리할 수 있다. 연간권 가격은 2025년 현재 80달러다. 이 연간권은 "America the Beautiful Pass"라고 불리며, 미국 국립공원, 국립 야생 동물 보호구역, 국립 삼림지 등 다양한 연방 기관에서 운영하는 2,000개 이상의 장소에서 동반 차량의 모든 탑승객과 함께 1년간 무료로 입장할 수 있다.

※꼭 알아야 할 팁

미국에 거주하는 초등학생 4학년이라면 'Every Kid Outdoors Pass'를 이용하자. 국립공원, 국립 삼림지, 국립 야생 동물 보호구역 등 다양한 연방 기관에서 운영하는 2,000개 이상의 장소에서 이용 가능한 무료 패스이다. 패스는 발급일로부터 1년 동안 유효하다. 패스를 프린트해서 매표소에 제시하면 연간 카드로 교환해 준다. 핸드폰에 저장된 패스는 효력이 없으니 꼭 프린트해야 한다. 아래 사이트에서 발급 가능하다.

4학년 패스
everykidoutdoors.gov/

2. 미국 국립공원관리청(National Park Service, NPS) 앱을 다운로드 하자.

미국 국립공원관리청
National Park Service (앱스토어 검색)
nps.gov (홈페이지)

미국 국립공원 운영 정보 및 탐방 가이드를 제공한다. 알 수 있는 정보는 다음과 같다.

1) 각 공원의 공식 정보 제공

   운영 시간, 입장료, 방문자 센터 위치

2) 트레일 지도 및 탐방 가이드

3) 레인저 프로그램 및 교육 자료 제공

   ★ 무료 레인저 투어 일정

   ★ 어린이 대상 주니어 레인저 프로그램(Junior Ranger Program)

   ★ 야생 동물 관찰, 천문 관측 등 특별 행사 일정

   ★ 공원 내 방문자 센터 운영 시간 및 프로그램 안내

4) 캠핑 및 하이킹 규정 안내

5) 안전 및 준비 사항

   날씨, 트레일 상태, 응급처치 정보 등을 안내한다.

6) 예약 및 입장 정보

   특정 공원이나 캠프장, 투어 등 사전 예약이 필요한 곳 정보가 있다. 예약을 클

릭하면 국립공원 예약 사이트로 이동한다. 각종 예약에 대한 정보는 국립공원 관리청(NPS) 홈페이지보다 Recreation.gov 앱에서 더 많이 확인할 수 있다.

3. 국립공원 예약(Recreation.gov) 앱을 다운로드하자.

국립공원 예약 앱은 미국 국립공원과 기타 연방 관리 공공지에서 예약 및 탐방 정보를 제공하는 공식 플랫폼이다. 앱을 통해 다음과 같은 서비스를 이용할 수 있다.

국립공원 예약
Recreation.gov

1) 캠핑장, 롯지, RV 사이트 예약

2) 입장권 및 시간 지정 입장 허가증(Timed Entry System) 예약

3) 레인저 투어, 특정 액티비티 예약

　★ 대표적인 액티비티 예시

　　콩가리 국립공원의 반딧불이 레인저 투어

4) 백패킹 및 오지 캠핑 허가증 신청

5) 추첨제 예약(로터리 퍼밋)

　★ 대표적인 추첨제 예약 예시

　　자이언 국립공원 더 내로스(The Narrows) 퍼밋, 에인절스 랜딩(Angels Landing) 퍼밋

　　요세미티 국립공원 하프돔(Half Dome) 등반 허가증

아치스 국립공원의 파이어리 퍼니스(Fiery Furnace) 퍼밋(개별 탐방을 위한 퍼밋 또는 가이드 투어)

따라서 국립공원 탐방 전에는 반드시 Recreation.gov 앱을 활용하는 것이 좋다!

4. 트레일 앱을 다운로드하자.

국립공원 지도와 정보지에도 트레일 정보가 있지만 트레일 앱을 활용하면 사람들이 올린 리뷰를 바탕으로 개인이나 가족에게 맞는 트레일을 찾을 수 있다. 많이 쓰는 트레일 앱은 아래 2가지이다.

1) AllTrails : Hike, Bike and Run

사람들이 잘 찾지 않는 트레일까지 제공한다. 사람들의 리뷰가 압도적으로 많은 앱이므로 리뷰를 참고하면 나에게 맞는 트레일을 찾는 데 도움이 된다. 미국 전역의 트레일 정보를 제공하므로 내가 원하는 트레일을 찾기 위해서는 지도를 잘 보는 능력이 필요하다.

2) National Park Trails

트레일 정보가 국립공원으로 한정되어 있고 추천할 만한 코스는 다이아몬드 기호로 표시되어 있다. 추천 트레일, 가족 단위 방문객에게 적합한 트레일 등의 항목으로 나누어져 있어서 트레일 정보를 찾기 쉽다.

5. 젠트라 홈페이지를 적극 활용하자.

젠트라는 미국 국립공원관리청(NPS)과 계약을 맺고 일부 국립공원 내 숙박 및 관광 사업을 독점적으로 운영하는 사기업이다. 일부 국립공원 내의 호텔, 식당, 투어 등의 관광 서비스를 운영한다.

1) 옐로스톤, 그랜드 캐니언, 요세미티, 글레이셔, 로키 마운틴 국립공원, 러시모어 산의 숙박 시설과 투어 서비스 운영
2) 국립공원 내 숙소 및 투어 예약
    ★ 대표적인 숙박 시설 예시
    옐로스톤의 올드페이스풀 인(Old Faithful Inn), 그랜드 캐니언 사우스 림에 위치한 더 그랜드 호텔(The Grand Hotel), 데스밸리의 더 오아시스(The Oasis at Death Valley) 리조트, 글레이셔 국립공원 근처에 위치한 시더 크릭 로지(Cedar Creek Lodge) 등
    ★ 공원 내 교통 및 투어 서비스 예시
    그랜드 캐니언의 하이킹 가이드 투어, 옐로스톤의 스노우코치 투어, 글레이셔의 레드 버스 투어

젠트라
xanterra.com

6. 등산화는 사계절 필수 준비물이다. 겨울 여행이라면 타이어체인, 아이젠도 준비하자.

요세미티는 겨울에 타이어체인이 없으면 입장이 거절될 수도 있다. 겨울

철 눈 때문에 도로가 폐쇄되곤 하는 다른 국립공원을 방문할 때도 안전을 위해 타이어체인을 준비하자.

겨울철 안전한 트레킹을 위해 아이젠은 필수 준비물이다. 국립공원 내의 매장에도 아이젠을 팔지만, 온라인 쇼핑몰보다 가격이 비싸고, 간혹 품절될 때도 있으므로 미리 준비하는 것이 좋다.

7. 방문 전, 시간 지정 입장 허가증(Timed Entry Permit)을 사전에 예약해야 하는지 미국 국립공원 관리청 홈페이지에서 꼼꼼히 체크하자.

시간 지정 입장 허가증은 국립공원의 방문객 수가 많거나, 특정 지역의 환경 보호를 위해 방문 시간을 제한하는 제도다. 미국 국립공원 중 일부는 방문객 수 제한을 위해 사전 예약제를 시행하고 있으므로, 방문 전에 예약이 필요한지 확인하자.

1) 글레이셔 국립공원의 고잉 투 더 썬 로드

    오전 6시~오후 3시 사이에 방문할 예정이면 예약이 필수다. 오전 6시 이전, 오후 3시 이후 입장할 예정이라면 예약하지 않아도 된다.

2) 아카디아 국립공원의 캐딜락 마운틴

3) 아치스 국립공원

    오전 7시 이전~오후 4시 사이에 방문할 예정이면 예약이 필수다. 오전 7시 이전 오후 4시 이후에는 예약 없이 입장 가능하다.

    ★ 아치스 국립공원의 파이어리 퍼니스는 사전 예약제를 시행하고 있다. 예약에 성공했으면 교육을 들어야 한다. 교육을 이수하면 입장 허가증을 준다.

4) 요세미티 국립공원

★ 7, 8월은 최고 성수기로 모든 날짜를 예약해야 한다.

★ 1~3월은 비수기라서 예약이 필요 없고, 나머지 기간은 주말과 특정 날짜에는 예약이 필요하다. 정확한 날짜는 매년 변경되니 반드시 국립공원 앱을 통해 확인하자.

5) 자이언 국립공원은 공원 내에서 셔틀이나 자전거, 도보로만 이동할 수 있다.

★ 에인절스 랜딩 정상은 사전 추첨을 통해 등반객을 제한하고 있다. 레크리에이션 앱을 통해 추첨에 참여할 수 있다. 오전 9시 이전 입장과 오전 9시 이후 입장으로 나누어 추첨을 진행한다. 추첨에 당첨되지 않더라도 스카우트 룩아웃까지는 등반할 수 있다.

※ 위 정보는 국립공원 정책에 따라 변동이 생길 수 있으니 반드시 국립공원 앱을 통해 사전에 확인해야 한다.

그 외 예약하면 좋은 곳

★ 옐로스톤 국립공원 내의 올드 페이스풀 로지는 인기가 많으므로 예약하는 것이 좋다. 올드 페이스풀 로지는 올드 페이스풀 간헐천 바로 앞에 위치해 있어서, 혼잡한 주차 걱정 없이 간헐천을 편리하게 관람할 수 있다는 장점이 있다. 저녁에는 별 구경도 할 수 있을 만큼 공기가 좋고 광해가 적다.

★ 앤털로프 캐니언 방문을 계획하고 있다면, 원하는 시간대의 투어를 확보하기 위해 예약을 서두르는 것이 좋다. 특히, 협곡 사이로 빛이 쏟아지는 장관을 감상하기 좋은 시간대는 예약 경쟁이 매우 치열하므로, 미리 예약하지 않으면 원하는 시간대에 방문하기 어려울 수 있다.

앤털로프 캐니언 투어는 현지 여행사를 통해 예약할 수 있다.

8. 전기포트, 전자레인지용 찜기, 슬리퍼, 위생용품, 캡슐 세제와 고무장갑을 준비하자.

미국 호텔은 전기포트가 없는 곳이 많다. 식당을 이용할 수 없어서 도시락을 준비해야 할 때 전기포트에 끓인 물을 보온병에 담아 가면 건조국이나 컵라면을 먹을 때 유용하다. 미리 데운 햇반에 건조국이나 컵라면, 샐러드만 있어도 충분히 점심을 해결할 수 있다.

미국의 호텔은 전자레인지가 구비된 곳이 대부분이다. 전자레인지용 찜기가 있으면 편하게 식사를 준비할 수 있다.

슬리퍼도 환경 문제로 제공되지 않으니 준비해 가는 것이 좋다.

국립공원 내에 있는 매장은 대부분 저녁 7시면 문을 닫는다. 다음 날 아침, 매장이 문을 열 때까지 위생용품을 구할 수 없으므로 반드시 위생용품을 준비하자. 그랜드 캐니언을 방문했을 때의 일이다. 호텔 로비에도 위생용품이 떨어져서 호텔 바텐더 직원에게 위생용품을 얻어야 했다.

호텔 로비에서 판매하는 세제는 비싸기 때문에 캡슐 세제를 몇 개 가져가면 비용을 아낄 수 있다. 고무장갑은 도시락통과 보온병을 씻을 때 유용하다.

9. 휴대폰이 터지지 않는 곳이 많다. 구글 맵의 오프라인 지도를 다운로드하자.

미국 국립공원 내부는 지형이 험난한 곳이 많고 통신 타워와의 거리가 멀어 휴대폰이 잘 터지지 않는 곳이 많다. 도시 외곽, 시골 지역, 산간이나 협곡 같은 외진 지역도 마찬가지다.

구글 맵에서 필요한 지역의 지도를 미리 저장해 두면, 데이터 연결이 어려운 지역에서도 지도 정보를 사용할 수 있다.

10. 숙소는 충분히 휴식을 취할 수 있는 곳으로 예약하고, 가능하면 환불 가능한 조건으로 하자.

비가 오면 트레일이 미끄럽거나 질퍽해질 수 있다. 특히 경사가 가파르거나 바위가 많은 트레일은 아이들과 함께 걷기에 위험하다. 일부 국립공원에서는 악천후 시 트레일 접근을 제한하거나 통제한다. 그러므로 숙소는 환불 가능하게 예약하고 날씨에 따라 유연하게 계획을 수정하는 것이 좋다.

미국은 광대한 영토를 가지고 있어 국립공원 간 이동 거리가 만만찮다. 트레킹까지 하면 피로가 누적되기 쉽다. 따라서 충분히 휴식을 취할 수 있는 숙소를 구하는 것이 좋다. 피로로 인해 예민해지면 사소한 일이 큰 다툼으로 번질 수도 있다. 아이들과 침대를 같이 쓰고 밤새 뒤척인 경험이 있다면 더더욱 침대 수가 넉넉하고 편히 잘 수 있는 곳으로 예약하자.

국립공원에 도착해서 할 일
TOP 3

1. 방문자 센터에 들르자.

아이들이 있는 가정이라면 방문자 센터에 들러서 국립공원 레인저에게 주니어 레인저 책을 무료로 받을 수 있다. 주니어 레인저 책에는 국립공원의 지질학적 정보와 동·식물의 생태 정보 등이 알차게 들어있다. 한국과 중국의 여러 명산을 가봤지만, 어디에도 국립공원 교육에 이렇게 열심인 곳은 없었다.

책을 다 푼 다음 국립공원 방문자 센터에 다시 들르면 국립공원 레인저는 아이들이 채운 책을 체크하며 이것저것 물어보고 유쾌하게 대화를 이끌어준다. 따라서 아이들이 영어를 할 수 있다면 금상첨화다. 책을 체크한 뒤에는 주니어 레인저 선서를 하고 레인저 배지를 준다. 배지가 동기부여가 되어서 나중에는 더 열심히 레인저 책을 채웠다.

2. 지도와 안내 자료는 꼭 챙기자.

국립공원 방문 시 입구 매표소에서 배부하는 지도와 안내 자료는 공원 탐방에 유용한 정보와 더불어 계절에 따라 변하거나 추가된 새로운 정보도 담고 있으므로 반드시 챙기는 것이 좋다. 지도만 제공되는 국립공원도 있고 안내 자료까지 제공되는 국립공원도 있다.

 1) 지도: 지도를 통해 트레일 코스를 알 수 있어서 탐방 경로를 계획할 수 있고, 현재 위치를 파악하는 데 도움을 받을 수 있다.

 2) 안내 자료: 공원 소개, 탐방 정보, 주의 사항, 레인저 프로그램 안내 등 다양한 정보를 담고 있다.

 3) 레인저 프로그램: 국립공원 레인저가 진행하는 프로그램으로, 자연과 역사에 대한 해설을 들을 수 있다.

3. 트레일 정보 확인

 방문자 센터에서 얻은 정보를 바탕으로 가족의 체력과 시간에 맞는 트레일을 선택하자. 여행하다 보면 시간이 조금 더 넉넉할 때도 있고 부족할 때도 있고, 체력이 고갈될 때도 있고 기운이 넘칠 때도 있기 마련이다. 방문자 센터의 레인저에게 가족의 연령대에 맞는 트레일을 추천해 달라고 묻거나, 트레일 앱을 통해 트레일 정보를 다시 확인해 보자.

> **책에 수록된 트레일 난이도**
>
> ☆☆☆☆☆ 주차장에서 내리면 바로 풍경이 보이는 곳
> ★☆☆☆☆ 나무 데크나 시멘트로 정비된 길로 걷기 편한 곳
> ★★☆☆☆ 정비된 길은 아니지만 고도 차이가 심하지 않은 평탄한 곳
> ★★★☆☆ 그늘이 없고 3시간 이상 소요되는 곳
> ★★★★☆ 경사가 가파르고 5시간 이상인 소요되는 곳
> ★★★★★ 쇠사슬을 잡고 걸어야 하는 위험한 곳

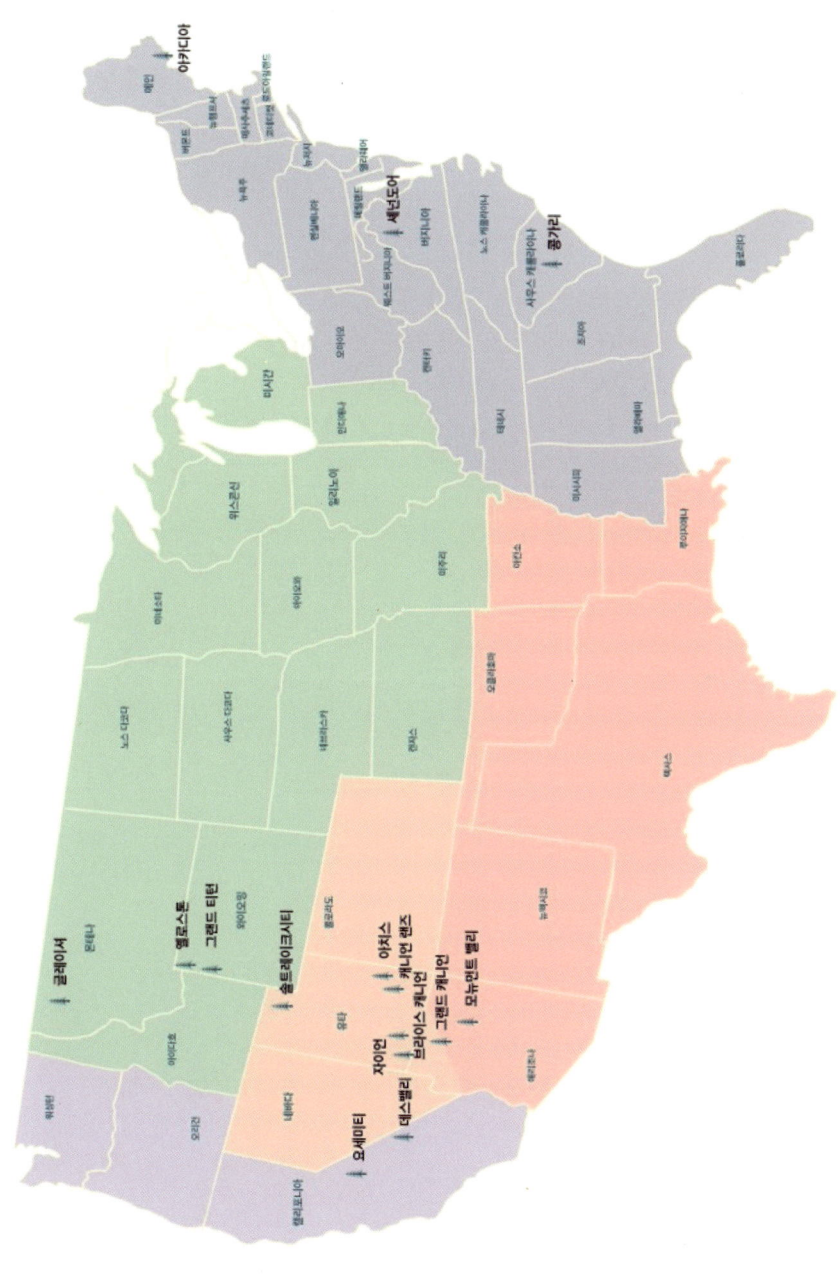

1부

겨울, 느닷없이 서부로 떠났다

	여행지	포인트/트레일
1일차	필라델피아→라스베이거스	
2일차	데스밸리	단테스 뷰
		자브리스키 포인트
		배드 워터
		매스키트 플랫 샌드 듄
3일차	라스베이거스→요세미티	785km(8시간)
4일차	요세미티	요세미티 폭포 트레일
		밸리뷰
		터널뷰
5일차		투올름 그로브 트레일
6일차	요세미티→라스베이거스	785km(8시간)
7일차	라스베이거스→그랜드 캐니언	436km(5시간, 후버댐 경유)
8일차	그랜드 캐니언	매더 포인트
		야바파이 지리 박물관
		사우스 카이밥 트레일
9일차		데저트 뷰
		리틀 콜로라도강 나바호 부족 공원
	그랜드 캐니언→페이지	219km(2시간 30분)
10일차	페이지	호스슈 벤드
		글렌 캐니언 댐
		옵저베이션 포인트
		앤털로프 패스 비스타
		앤털로프 캐니언 투어
	페이지→모뉴먼트 밸리	200km(2시간)
11일차	모뉴먼트 밸리	뷰트 트리오
		포레스트 검프 로드
	모뉴먼트 밸리→브라이스 캐니언	439km(4시간 20분)
12일차	브라이스 캐니언	선라이즈 포인트
		퀸스 가든 트레일
		선셋 포인트
	브라이스 캐니언→자이언	122km(1시간 20분)
	자이언	캐니언 오버룩 트레일
	자이언→라스베이거스	279km(3시간)
13일차	라스베이거스→필라델피아	

그랜드 서클에서
시작된 서부 여행

1부 겨울, 느닷없이 사부로 떠나다

　우리 가족이 크리스마스 여행을 가기로 한 것은 미국에 체류한 지 3개월 정도 되던 어느 날이었다. 남편은 일터에서, 큰아이는 중학교에서, 작은아이는 초등학교에서 새로운 환경에 적응하느라 분주했었지만, 이제는 나름대로 안정을 찾은 듯했다. 나는 나대로 미국 생활에 어느 정도 적응했다. 매일 만들어야 했던 도시락도 척척 만들 수 있게 됐고, 다양한 사람들의 영어 억양도 눈치껏 알아듣게 됐고, 아이들을 픽업하는 일에도 익숙해졌다. 미국은 한국처럼 아이들의 방과 후 활동에 차량이 제공되지 않기 때문에 아이들이 운동이나 오케스트라 같은 활동에 참석하려면 직접 픽업하는 수밖에 없었다. 타국에서의 운전도 그렇게 차츰 익숙해졌다. 나는 20대 초반에 혼자 중국에서 유학했다. 미국에서의 생활은 중국 유학 시절과는 완전히 달랐다. 혼자 중국에 살 때는 내 한 몸만 신경 쓰면 됐었는데, 미국에서는 나는 사라지고 가족이 일상의 중심이 되어버렸다.

　추수감사절 연휴가 지나면 내가 살던 미국의 동네에서는 집집마다 크리스마스 장식을 시작한다. 마당의 나무를 전구로 장식하고 창문에는 크리스마스 리스를 걸어둔다. 사람들과 만나면 '크리스마스 연휴에 무엇을 할 것인가.'로 이야기를 나눈다. 그러다 보니 저녁 식사 대화의 주제도 '크리스마스 연휴를 어떻게 보낼 것인가.'가 되었다.

"크리스마스 연휴에 서부 여행할래?"

미국에서 정착하는 데 예상보다 지출이 컸던 데다가 환율도 비쌌기 때문에 동부의 집 근처에 있는 소도시를 둘러보면서 소소하게 크리스마스를 보내고 싶었다.

"살면서 이렇게 여행할 기회는 다시는 없을 거야."

아들은 미국으로 가기 전에 아빠의 친구에게 선물 받은 『Your Guide to the National Parks』를 마르고 닳도록 읽으며 서부 여행에 대한 기대에 부풀어 있었다.

"그래, 가자!"

내 허락이 떨어지기 무섭게 남편이 라스베이거스행 티켓을 결제했다.

1장

죽음의 계곡, 데스밸리

① 지옥의 입구, 단테스 뷰와 나쁜 물, 배드워터 분지
② 사막이 남긴 가장 아름다운 주름, 자브리스키
③ 내가 상상한 진짜 사막, 매스키트 플랫 샌드 듄

데스밸리. 1994년 국립공원이 된 이곳은 이름부터 살벌하다. 죽음의 계곡이라니. 이곳은 한여름에 섭씨 50도까지 올라가고 건조해서 여름에 들어가는 것은 죽음의 계곡으로 들어가는 것과 다름없다. 데스밸리는 알래스카를 제외한 본토에서 가장 넓은 국립공원으로 면적이 전라남도보다 넓다. 데스밸리는 대부분 캘리포니아주에 속해있고 일부는 네바다주에 속해 있다.

※꼭 알아야 할 팁

1. 주유소가 보이면 주유하기
   데스밸리 국립공원 내부로 들어올수록 주유소를 찾기 힘들어진다. 주유소가 보이면 기름을 가득 채우는 것이 좋다.

2. 라스베이거스에서 데스밸리까지 갈 시간이 없을 때 방문할 만한 곳
   ★ 레드 록 캐니언: 데스밸리와 유사한 붉은색 암석 지형을 감상할 수 있는 곳이다. 하이킹 코스도 잘 조성되어 있어 가볍게 트레킹을 즐기기에도 좋다.
   ★ 밸리 오브 파이어 주립 공원: 붉은색 사암 지형이 인상적인 곳이다. 데스밸리보다 규모는 작지만, 독특한 풍경을 감상할 수 있다.

지옥의 입구,
단테스 뷰와 나쁜 물, 배드워터 분지

☆☆☆☆☆

데스밸리(Death Valley)를 처음 알게 된 것은 존경하던 선생님을 통해서였다. 이십 년 전, 선생님은 데스밸리에서 사막횡단을 하다가 아찔한 경험을 했다. 선생님의 아내는 주유소가 보일 때마다 기름을 더 채우자고 했는데, 선생님은 다음 주유소에서 넣으면 된다고 말하며 지나쳤다고 한다. 주유소는 한참을 가도 나오지 않았고, 결국 사막 중간에서 차가 멈췄다. 호기롭게 사막 안으로 깊숙이 들어갔기 때문에 다른 차량의 도움을 받는다는 건 기적 같은 일이었다. 그때만 해도 휴대폰이 없던 시절이라 긴급 통화를 할 수도 없었다. 해도 저물 때까지 다른 차를 기다렸지만 역시 누구도 지나가지 않았다. 초등학생이었던 아이 둘도 함께였다. 운 좋게 다음 날 아침 다른 차의 도움을 받아 사막에서 벗어날 수 있었다고 한다. 지금에야 웃으며 그때를 추억하지만, 당시에는 얼마나 초조했을까.

쭉 뻗은 길 양쪽으로 황무지가 이어져 있다.

데스밸리의 첫 행선지는 단테스 뷰(Dante's View)였다. 가장 먼저 해야 할 일은 매표소에서 "Every Kid Outdoors Pass"를 국립공원 연간 이용권으로 바꾸는 일이었다. 지나가던 차들이 모두 멈추길래 따라 주차했는데 그곳이 바로 국립공원 티켓을 사는 곳이었다. 작은 가건물 한 채만 덩그러니 있어서 하마터면 놓칠 뻔했다. 국립공원 티켓 매표소에는 직원 없이 기계만 덩그러니 있었다. 기계에는 "Every Kid Outdoors Pass"를 국립공원 이용권으로 바꿀 수 있는 서비스는 없었다. 우리는 프린트한 종이를 조수석 창문 앞에 놓고 다시 단테스 뷰로 향했다.

오르막길을 한참 올라가서 단테스 뷰 주차장에 들어서자 탁 트인 하늘이 보였다. 겨울인데도 햇볕이 따가웠다. 긴소매 옷과 선글라스를 챙기라고 했던 지인들의 조언에는 이유가 있었다. 겨울에도 이렇게 햇빛이 따가운데, 여름의 더위는 얼마나 무시무시할까.

사막이라 모래 언덕이 있는 곳을 상상했는데 단테스 뷰는 화산암으로 된 절벽이었다. 우리 가족은 단테스 뷰 전망대를 따라 걸었다. 전망대 끝 절벽까지는 천천히 걸어도 20분 정도. 맞은편에 보이는 파나민트 산맥(Panamint Range) 사이에는 배드워터 분지가 깊숙이 펼쳐져 있었다. 배드워터에는 눈처럼 하얀 무언가가 흩어져 있었다. 데스밸리의 역대 최고 온도는 섭씨 54도. 겨울에도 웬만하면 영하로 내려가지 않는 곳이니 눈일 리는 없었다. 눈처럼 반짝이던 것은 소금이었다. 황금을 찾아 데스밸리를 건너던 광부들이 소금을 보고는 "황금이 아닌 소금이라니, 이런 나쁜 물 같으니라고! 황금이 필요하다고!"라고 해서 그곳의 이름이 배드워터가 되었다나.

해수면보다 86m 낮은 배드워터와 맞은편에 우뚝 솟은, 해발 고도 3000m가 넘는 파나민트 산맥의 극단적인 고도 차이는 현기증을 일으켰다. 그 압도적인 지형을 바라보는 순간, 지구의 골격을 들여다보는 듯한 느낌에 사로잡혔다. 단테스 뷰는 너무 멀어서 사람이 보이지도 않았고 일상적으로 볼 수 있는 나무나 건물도 없었기에 산맥이 가까운지 먼지 거리를 가늠할 수조차 없었다.

"엄마, 나 화장실."

그러고 보니 점심을 먹은 후로 화장실에 가지 못했다. 덥다고 물을 연신 마셔댔으니 화장실이 급할 수밖에. 다행히 근처에 화장실이 있었다.

매표소에 사람이 없을 때부터 예상했어야 했는데. 깊게 뚫린 구덩이 속에 볼일을 해결하는, 물이 귀한 사막에 딱 알맞은 화장실이었다. 나야 어릴 때는 외할머니댁 시골집이 재래식이었고, 중국 유학 시절에도 재래식 화장실을 써봤지만, 아이들은 화장실에 들어가기도 전에 구역질을 해댔다. 아이들은 재빠르게 볼일을 보고 총알처럼 뛰쳐나왔다.

다른 차도 주차장으로 들어왔다. 차에서 엄마와 아이 둘이 내렸는데 그 아이들도 우리 아이들처럼 화장실 문 앞에서 들어갈 엄두를 못 냈다.

"여기 화장실 엄청나죠?"

"적어도 벽은 있잖아요." 중국계 여자가 대답했다. 우린 한바탕 웃었다. 아이들은 그 이후로 화장실에 자주 가지 않게 신중하게 물을 마셨다.

단테스 뷰에서 본 배드워터

단테스 뷰에서 내려다봤을 때는 소금 줄기만 보이던 배드워터*(Badwater Basin)*는 끝없이 펼쳐진 소금 평원이 주는 비현실적인 아름다움으로 방문객을 압도하는 곳이었다. 단테스 뷰에서 내려 봤을 때는 배드워터가 한눈에 보였는데, 배드워터에서 올려 보니 산맥들이 다 비슷비슷해 보여서 어디가 단테스 뷰고 어디가 파나민트 산맥인지 찾기 힘들었다.

배드워터는 해수면보다 86m 낮은 분지로, 북미 대륙을 통틀어 가장 고도가 낮은 곳이다. 먼 옛날 이곳은 호수였지만 로키산맥이 융기하면서 물의 흐름이 바뀌며 물이 고갈되었고, 뜨거운 기후에 남아있던 물도 증발해서 결국 소금밭이 되었다고 한다.

배드워터에 얽힌 재미있는 이야기가 있다. 1849년에 황금을 찾겠다는 꿈을 좇아 나선 금광꾼들이 지름길로 택한 곳이 하필 가도 가도 끝이 없는, 여름에는 기온이 섭씨 50도를 넘나드는 배드워터였다고 한다. 결국 물도 식량도 바닥나 버렸고, 그들은 말까지 잡아먹으며 버티다가 죽기 직전에 간신히 계곡을 빠져나왔다. 2022년 문명의 혜택을 받은 우리 가족은 500ml 물 35병과 간식을 렌터카에 잔뜩 싣고 데스밸리에 방문해서 얼마나 다행인지.

소금은 멀리서 봤을 때는 희고 깨끗해 보였지만 가까이서 보면 흙과 먼지가 섞여 있었다. 나는 이 결정들이 정말 소금인지 궁금해서 살짝 뜯어 먹었다.

"짜!"

아이들도 궁금했는지 나를 따라 소금을 먹었다.

"진짜 짜!"

아이들이 법석을 떨었다. 나중에 알고 보니 극도로 건조한 지역이라 일반 소금보다 4배는 더 짜다고 한다.

배드워터는 높은 염분 때문에 생명체가 살 수 없다. 하지만 배드워터 달팽이라는 생물은 염분을 극복하고 배드워터에서 살아남았다고 한다. 트레일 입구에 그 달팽이를 보호하기 위해 정해진 길 밖으로는 가지 말라는 안내판이 붙어 있었다. 조금 더 크게 쓰여있더라면 좋았을 텐데. 안내판을 보지 못했는지 소금밭 깊이 들어가 사진을 찍는 사람들이 있었다. 우리는 마음속으로 달팽이의 평안을 빌었다.

사막이 남긴 가장 아름다운 주름, 자브리스키

☆☆☆☆☆

자브리스키(Zabriskie)는 황토색 언덕이 끝없이 구불구불 흐르는 곳이었다. 굽이치는 능선이며 언덕이 물결치는 모양은 마치 신이 공들여 조각한 것 같았다. 물결치는 능선 반대편으로 눈길을 돌리면 거대한 바위 언덕이 보였다. 흰 모래 언덕과는 대비되는 짙은 갈색의 퇴적층 언덕이었다.

이 기이한 풍경이 한때 호수의 바닥이었다는 것이 믿어지지 않았다. 소금 평원인 배드워터와 메마른 땅인 자브리스키 포인트는 지금은 사막이지만 아주 오래전에는 맨리 호(Lake Manly)라는 이름의 거대한 호수가 있던 곳이다. 호수는 빙하기가 끝난 간빙기 때 말랐다. 데스밸리의 역대 최고 온도는 섭씨 54도. 식물이나 동물이 자생하기 어려울 만큼 뜨겁고 엄청나게 건조한 곳이다. 그래서 자브리스키는 배드랜드(Badlands), 즉 나쁜 땅이라는 별명을 가지고 있다.

자브리스키 지역은 물이 잘 스며들지 않는 토질이라 비가 오면 급류처럼 흘러내린다고 한다. 그래서 골짜기와 능선이 뚜렷하게 파여 있고, 갈빗대처럼 보이는 침식 패턴이 만들어졌다.

나는 흰 모래 언덕의 협곡 사이로 걷고 싶었는데 아이들은 이미 반대편 언덕 위로 달려가고 있었다. 눈 깜짝할 새 딸아이가 멀쩡한 길을 두고 급경사 비탈을 기어오르기 시작했다.

"내려와. 딱 봐도 부드럽잖아."

말을 마치자마자 '툭, 투두둑.' 딸아이가 밟았던 돌이 떨어졌다. 딸은 얼른 다른 곳에 발을 디뎠지만 거기도 무너졌다.

황토색 흙먼지가 날리더니 눈 깜짝할 사이에 흙이 내려앉았다. 딸은 먼지 한가운데 우뚝 서 있었다. 딸아이는 한바탕 잔소리를 들을까 봐 얼른 언덕 위로 도망갔다. 이번에는 절벽이 아니라 제대로 된 길이 있는 곳으로.

자브리스키 지역이 호수였으니 화석을 찾을 수 있을 것 같아서 주차장으로 돌아가는 길에 열심히 화석을 찾았다. 아이들과 눈에 불을 켜고 땅을 살폈지만, 작은 조개 조각 하나 발견하지 못했다.

화석을 찾지 못한 것이 두고두고 아쉬워서 필라델피아로 돌아간 후 화석을 찾으러 갔다. 유명한 화석 찾는 포인트로 갔는데 정말 조개와 암모나이트 화석을 찾을 수 있었다. 암모나이트를 발견한 딸은 산삼이라도 발견한 듯 기뻐했다.

내가 상상한 진짜 사막, 매스키트 플랫 샌드 둔

☆☆☆☆☆

이십 대 중반에 몽골에서 게르를 찾아다니면서 주소판을 붙이는 봉사활동을 한 적이 있었다. 하루는 사막으로 여행을 갔다. 밤이 되자 우리는 모래에 누워 별을 봤다. 사막 한복판에서 별이 쏟아지는 밤하늘을 본 그날은 내 안으로만 향해있던 시선을 밖으로 돌린 계기가 된 날이었다.

그랜드 서클 여행지와는 반대 방향이라 데스밸리에 가고 싶지 않았던 남편은 결국 데스밸리를 일정에 넣었다. 나는 그때처럼 모래에 누워서 밤하늘을 보는 행복한 상상을 했다. 남편과 아이들은 사막이 처음이었다. 나는 남편과 아이들에게 광활하고 황량한 사막의 밤하늘에 아름답게 빛나는 별을 보여주고 싶었다.

매스키트 플랫 샌드 둔*(Mesquite Flat Sand Dunes)*에 도착했을 때 해가 거의 넘어가서 하늘이 어둑했다. 매스키트 플랫 샌드 둔은 서부 여행 전체를 통틀어 가장 기대했던 곳이었다. 이십 대에 방문했던 몽골의 사막과 가장 비슷한 곳이라고 생각했기 때문이다.

매스키트 플랙 샌드 둔의 모래는 너무 고와서 마치 밀가루를 밟는 것 같

있다. 한 발짝 내디딜 때마다 신발 속에 모래가 들어갔다. 걷기는 힘들었지만 썰매를 타기에 완벽했다. 모래가 쌓인 곳에는 어김없이 아이들이 썰매를 타고 있었다. 아들과 딸도 모래 언덕 위를 달려 올라 맨몸으로 모래 위를 미끄러져 내려갔다. 바지 안까지 모래가 들어갔지만 아랑곳하지 않고 모래 썰매를 즐겼다. 여름의 모래는 살갗이 델 정도로 뜨거웠겠지만, 겨울에는 모래 썰매를 타기에 딱 좋았다.

어떤 가족은 아이들 숫자대로 썰매를 준비해 왔다. 구르고 엎어지고 미끄러지며 웃는 모습은 저절로 눈길이 갈 만큼 신나 보였다. 캘리포니아의 도시 지역에는 대체로 눈이 내리지 않기 때문에 모래 썰매를 타는 것은 색다른 경험일지도 모른다. '내가 사는 펜실베이니아에서는 굳이 모래 썰매가 아니라 진짜 눈썰매를 탈 수 있다고.'라고 생각하며 썰매가 없는 아쉬움을 달랬다.

이렇게 고운 모래는 데스밸리 서쪽의 코튼우드 산에서 날아왔다고 한다. 대부분이 황무지거나 암석 지대인 데스밸리에서 이렇게 고운 모래가 있는 지역은 1%에 불과하다고 한다.

이윽고 해가 저물어 주차장에 들어오는 차들의 전조등 불빛 말고는 아무것도 보이지 않았다. 결국 삼십 분도 머무르지 못하고 차로 돌아갔다. 주차장이 어디인지 찾을 수도 없을 만큼 사방이 캄캄했기 때문이다. 사람들이 많이 방문하는 곳이었지만 흔한 가로등조차 없었다.

라스베이거스까지 돌아가는 길도 문제였다. 미국은 가로등이 있는 도로가 드물어서 밤길 운전이 쉽지 않았다. 결국 별도 제대로 보지 못하고 발걸음을 돌려야 했다.

남편이 피곤했는지 평소보다 속도를 높였다.

'이오이오'

뒤에서 경찰차 소리가 들렸다. 갓길에 차를 세우자, 허리띠에 총과 각종 무기를 매단, 그러니까 완전 무장을 한 경찰이 운전석 창문을 두드렸다.

"면허증이랑 렌터카 영수증 주세요."

경찰이 사무적이고 딱딱한 목소리로 말했다. 놀란 아이들이 훌쩍이며 울기 시작했다.

"아이들이 있으니 안전하게 운전해야죠."

왠지 아까보다 나긋해진 목소리였다.

"이제 규정 속도를 지키세요."

경찰은 아이들을 향해 싱긋 웃고 경찰차로 돌아갔다.

돌이킬 수 없을 일일 때는 아무리 속상해도 얼른 기운을 차리는 것이 낫다. 기운을 차리려면 배가 든든해야 하는 법! 제일 먼저 절약할 수 있는 식비부터 아끼려고 여행 내내 김과 햇반만 먹으려고 했는데 그러면 밥을 먹을 때마다 이 일이 생각나서 기분 좋은 여행을 할 수 없을 것 같았다. 혹시 벌금이 부과될까 봐 소심해진 우리는 물가가 저렴한 패럼프(Pahrump)의 인도 음식점에서 치킨 망고 카레, 양고기 카레, 난, 새우 브리야니를 먹었다. 팁까지 주고 나니 72달러. 내가 살던 필라델피아에서는 상상할 수 없을 만큼 저렴했다.

패럼프에서 라스베이거스까지 가는 길은 미국의 다른 작은 도로들처럼 가로등 하나 없었다. 불빛이라고는 가끔 맞은편에서 오는 차의 전조등이 전부였다.
"별이 엄청 많이 보인다."
지나가는 차도 거의 없는 인적이 드문 도로 갓길에 차를 세웠다. 사막이라도 밤공기는 꽤 쌀쌀했다. 마침 그믐이라 달빛의 방해도 적었다. 캄캄한 밤하늘에 은하수가 흐르고 있었다. 별이 쏟아질 듯 빛났다.
남편은 아이들에게 별자리 찾는 법을 알려줬다. 아들은 아빠의 말에 귀를 기울이며 별을 보았다. 딸은 아빠의 말을 듣는 둥 마는 둥 은하수를 신기하게 바라봤다. 나는 별을 보며 별을 보는 가족의 모습을 마음에 담았다. 같은 밤하늘 아래 함께 있었지만, 우리는 저마다의 방식으로 별을 바라보았다. 20대에 밤하늘을 봤던 그날도, 40대에 밤하늘을 바라봤던 그날도 잊지 못할 순간이었다. 언제인지 모를 과거의 별빛이 광활한 우주를 지나 나에게 와닿는다고 생각하니 이런저런 고민이 부질없게 느껴졌다.

이후로는 자동차 크루즈 기능을 이용해서 제한 속도를 완벽히 지켰다.

다른 차들이 우리 차를 추월하든 말든 상관하지 않았다. 안타깝게도 우리를 추월했던 많은 차들이 경찰에게 잡혔다. 알고 보니 데스밸리는 경찰이 수시로 순찰을 도는 곳이라고 한다. 미국 경찰차는 평소에는 일반 차량처럼 다니다가 문제 차량을 적발했을 때만 사이렌을 켜고 달리기 때문에 어디에 경찰이 있는지 알아차리기도 힘들다.

다시 기름 이야기를 하자면 데스밸리에서 주유소를 찾지 못해 곤란했던 사람이 한둘이 아니다. 같은 아파트에 살았던 이웃도 데스밸리에서 연료가 떨어질 뻔했던 아찔한 순간을 경험했고, 우리 가족도 기름이 간당간당했을 때 간신히 주유소를 발견했다. 데스밸리에서는 속도 규정도 꼭 지키고 주유소가 보이면 주유도 자주 하자.

2장

세쿼이아 숲과 암벽, 요세미티 국립공원

① 힘껏 노는 아이들, 요세미티 폭포와 터널 뷰
② 자이언트 세쿼이아가 자라는, 투올름 그로브

"모든 사람은 빵만큼이나 아름다움이 필요하다. 자연 속에서 뛰놀고 기도할 수 있는 곳, 몸과 마음을 치유하고 힘을 줄 수 있는 그런 공간이 필요하다."

_『The Yosemite (1912)』, 존 뮤어

요세미티 국립공원 안쪽 평지를 이루는 요세미티 밸리는 8천 년 전부터 인디언들이 살고 있었던 곳이다. 1849년 한 광부가 이곳에서 금광을 발견했다는 것이 알려지자, 미국 전역에서 광부들이 몰려들었다. 광부들은 인디언과 충돌했고 1851년에는 미국 군대까지 동원되었다. 미국 군대는 인디언을 제압하기 위해 요세미티 근방 마리포사로 들어왔다. 군대가 주둔하게 되자 사람들의 방문이 잦아지면서 요세미티에는 식당과 호텔이 들어섰고, 난개발로 인해 자연이 훼손되기 시작했다. 에이브러햄 링컨은 이 지역에만 자라는 자이언트 세쿼이아 부락지를 보호하기 위해 '요세미티 보호법'을 통과시켰다. 존 뮤어를 비롯한 환경 보호자들까지 애쓴 결과 요세미티는 1890년 국립공원으로 승격되었다.

※ 꼭 알아야 할 팁

1. 주유소가 보이면 주유하기

   우리가 묵었던 아치락 입구에서 근처 소도시인 마리포사까지는 차로 50분 정도 걸린다. 요세미티 밸리(Yosemite Valley)로 가는 가장 일반적인 경로는 아치락 입구 → 엘포털(El Portal) → 요세미티 밸리 순서다. 이동 시간을 고려해서 숙소를 구하자.

2. 폐쇄된 길이 있는지 미리 찾아보기

   겨울에는 티오가 패스와 글레이셔 포인트 로드가 폐쇄된다. 방문 전에 국립공원 앱을 반드시 참고하자.

3. 겨울 여행 시 타이어체인 준비하기

4. 요세미티의 입구 다섯 군데

   요세미티에는 5개의 입구가 있다. 동쪽의 헷치헷치, 서쪽의 빅오크플렛, 남쪽의 LA에서 출발할 때 많이 이용하는 사우스, 북쪽의 티오가 패스, 그리고 아치락이다. 티오가 패스는 시에라 사막과 연결되지만, 11월부터 5월 중순까지는 출입이 제한된다.

   ★ 가장 많이 이용되는 아치락 입구(Arch Rock Entrance)는 샌프란시스코 및 캘리포니아 북부와 연결된다. 요세미티 밸리(Yosemite Valley)까지 가장 빠르게 갈 수 있고 해발 고도가 낮아 겨울철에도 비교적 접근이 쉽다.

★ 두 번째로 많이 이용되는 사우스 입구(South Entrance)는 로스앤젤레스, 샌디에이고 및 남부 캘리포니아에서 오는 여행객이 많이 이용한다. 요세미티 밸리로 가는 길에 마리포사 그로브(Mariposa Grove, 세쿼이아 나무 군락지)에 방문할 수 있다.

힘껏 노는 아이들,
요세미티 폭포와 터널 뷰

요세미티 폭포 난이도 ★★★☆☆
터널 뷰 ☆☆☆☆☆

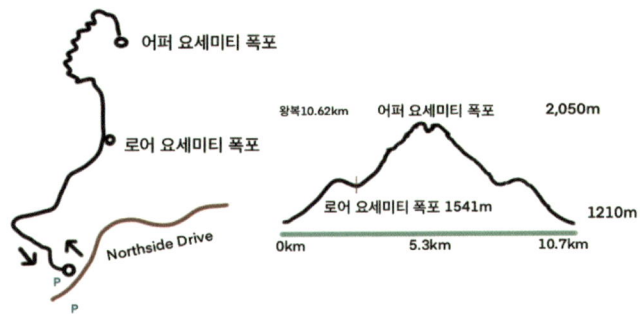

　부산에서 자라 눈 구경도 못 해본 나는 눈을 동경하는 버릇이 있다. 이제는 눈이 많이 내리는 곳에 살지만, 겨울이 오면 여전히 마음이 설렌다. 라스베이거스에서 785km를 달려 요세미티에 도착한 시간은 저녁 8시, 캄캄한 길을 눈이 고요히 밝혀주고 있었다.

　요세미티(Yosemite)에서 크리스마스 아침을 맞았다. 우리는 전날 먹고 남은 케이크와 우유, 삶은 달걀로 아침을 먹고 날씨를 살폈다. 예상 기온은 최고 섭씨 16도, 겨울인데도 맑고 따뜻한 날이었다. 원래 계획은 포마일 트레일을 통과해 글레이셔 포인트까지 오르는 것이었다. 하지만 폭설로 인해 트레일이 폐쇄되었기 때문에 길이 개방되어 있었던 요세미티 폭포 트레일을 오르기로 했다.

입구에 도착하니 20대 젊은 여행객 몇 팀이 두꺼운 외투를 얇은 바람막이로 갈아입고 배낭에 먹거리를 넣고 있었다. 왜 얇은 외투로 갈아입는 건지 의아했는데 트레일을 걷다 보니 이해가 됐다. 요세미티 폭포에 오를수록 따뜻해지더니 나중에는 민소매를 입고 산을 올라도 될 만큼 더워졌기 때문이다. 우리의 배낭은 벗어 넣은 겉옷으로 곧 빵빵해졌다.

우리는 금발 남녀, 중국인, 인도인 등 세계 각지에서 온 여행객들과 어깨를 부딪쳐 가며 좁은 산길을 걸었다. 구불구불한 길은 돌길로 바뀌었고, 이윽고 눈이 쌓인 길이 이어지다가 한 명씩 줄을 지어 걸어야 하는 좁은 길로 바뀌었다. 바위가 평평해서 앉기 좋은 곳이나, 하프돔이나 요세미티 폭포가 잘 보이는 곳에서는 쉬어가며 천천히 산을 올랐다. 미국 할머니들은 우리를 그냥 지나치는 법이 없었다. 엄마 아빠를 따라 트레킹을 나서다니 대단하다며 아이들을 칭찬했다. 덕분에 아이들 어깨가 으쓱 올라갔다.

봄이면 요세미티 폭포에서 떨어지는 물이 천둥소리 같다고 들었는데 겨울에는 가느다란 물줄기만 폭포 아래로 떨어지고 있었다. 눈만 보면 놀기 바쁜 아이 둘 때문에 산을 오르는 속도가 형편없이 느렸다. 젊은 미국인 등산객들은 긴 다리로 우리를 성큼성큼 지나쳤다.

놀고 걷고 쉬기를 반복하다 보니 2.5km를 오르는 데 2시간이나 걸렸다. 로어(lower) 폭포를 지나자, 산세가 험해졌다. 여기서부터는 돌무더기 길이었고 눈도 많이 쌓여있었다. 물도 간식도 다 먹었다. 눈만 보면 놀던 아이들도 기운이 빠졌다. 정상까지 어떻게든 갈 수는 있겠지만 무리였다. 로어 폭포 부근까지는 하프돔이 보이는 광경을 즐길 수 있지만 정상까지는 뻥 뚫린 전경이 보이지 않는 숲길이었고, 돌무더기와 씨름하며 묵묵히 걸어야 하는 쉽지 않은 구간이었다.

우리는 현명하게 그만둬야 할 때를 선택했다. 반년 후, 더 많은 곳을 여행하면서 등산화도 샀고, 짐도 가볍게 꾸렸지만, 그때는 배낭에 만약을 대비한 짐이 가득했고 걷는 요령도 없었다.

주차장에 도착했더니 오후 2시 반, 끼니때가 한참 지났다. 쌓인 눈을 보자 아이들은 기운이 팔팔해져서는 배도 고프지도 않은지 눈싸움부터 했다. 겨울 냄새와 보온병에 준비해 온 구수한 숭늉 냄새, 아이들이 눈을 던지는 소리와 웃음소리가 마음을 가득 채웠다. 아이들의 웃으며 노는 모습에는 세상을 있는 힘껏 살아가는 사람이 가지는 힘이 있었다.

요세미티 폭포에서 바라본 하프돔

"이토록 압도적인 장엄함 앞에서 인간은 자신의 보잘것없음을 느낀다. 마치 광대한 창조물 속에서 하나의 먼지에 불과한 것처럼."

_제임스 메이슨 허칭스

터널 뷰에서는 엘 캐피탄과 클라우드 레스트, 하프돔, 센티넬 록, 커시드럴 록, 리닝타워, 브라이들베일 폭포가 한눈에 보인다. 요세미티 밸리를 가로지르는 머세드(Merced) 강 너머로 펼쳐진 장관을 보니 그의 말이 과장이 아님을 느낄 수 있었다.

디즈니플러스에서 〈프리솔로〉라는 다큐멘터리를 본 적이 있다. 로프나 기타 보호장비 없이 맨몸으로만 절벽을 오르는 것을 프리솔로라고 한다. 결국 프리솔로를 하는 산악인들은 추락으로 죽음을 맞는 경우가 많다고 한다. 다큐멘터리의 주인공인 엘릭스 호놀드라는 등반가는 914m 높이의 엘 캐피탄에서 그 위험한 프리솔로를 했다.

다큐멘터리에서 봤던 엘 캐피탄은 실제로는 훨씬 더 아찔하고 웅장했다. 엘 캐피탄은 발 디딜 곳조차 보이지 않는 매끈하고 거대한 회색 화성암 덩어리였다. 눈길을 하프돔으로 옮겼다. 등반가가 아니라 엘 캐피탄은 절대 무리지만 하프돔 정도면 갈 수 있지 않을까. 다리는 아직 튼튼하다. 마지막 코스에서 쇠줄을 잡고 기어오를 담력도 있는 것 같다. 역시 모험을 해보고 싶었다. 밸리 아래로 흐르는 머세드강과 울창한 숲, 그리고 거대한 화강암 절벽과 능선을 한눈에 담는 것도 멋진 일일 거다. 막 여정을 시작했을 때라서 기운이 팔팔했다. 어디든 걷고 싶었다. 겨울 여행의 안 좋은 점은 폐쇄된 길이 많다는 것이다. 기운은 있는데 갈 수 있는 곳은 한정적이었다.

하프돔은 5월 말에서 10월 사이에만 등반할 수 있다. 겨울 등반은 꿈도 꿀 수 없었다. 여름에 방문했다고 하더라도 운이 좋아야 한다. 엄청난 경쟁률을 뚫고 추첨에 성공해야 하기 때문이다. 매일 300명만 추첨으로 뽑기 때문에, 몇 년을 도전해도 실패하는 사람도 있다.

언젠가 추첨에 성공한다면 다시 요세미티에 갈 명분이 생길지 모르겠다. 하프돔은 왕복 23km의 거리고 12시간 정도 소요된다고 한다. 그때를 위해 아이들이 12시간 등반은 거뜬한 체력이 될 수 있게 키워야겠다. 남편과 나의 체력이 더 문제가 될지도 모르겠지만.

터널 뷰

자이언트 세쿼이아가 자라는, 투올름 그로브

★★☆☆☆

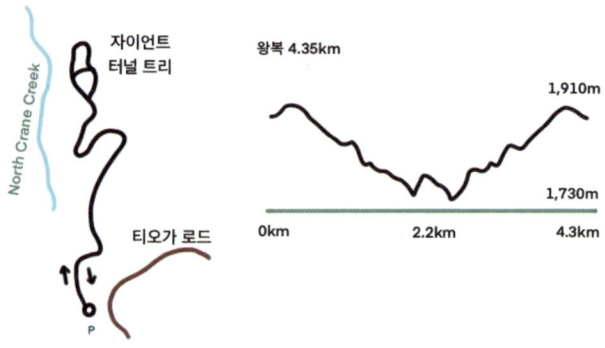

캘리포니아와 가까워 방문객이 많은 봄, 여름과는 달리 요세미티의 겨울은 한적한 매력이 있었다. 단점은 도로가 폐쇄돼서 갈 수 없는 곳이 80퍼센트이고 남은 20퍼센트를 잘 찾아 여행해야 한다는 것! 자동차 체인이 필수라는 안내를 보고 무거운 체인을 캐리어에 넣어 필라델피아에서부터 짊어지고 왔지만 쓸 일도 없었다. 애초에 길 자체가 통제되어 있었기 때문이다.

갈 수 있는 곳을 애써 찾을 수밖에 없었다. 하프돔과 요세미티 폭포가 보이는 절경이라 할지라도 삼 일 내내 눈놀이만 하다가 갈 순 없었다. 그러다 발견한 곳이 투올름 그루브(Tuolumne Grove)다.

  투올름 그로브로 가려면 빅 오크 플랫 로드(Big Oak Flat Road)를 차로 올라야 한다. 빅 오크 플랫 로드를 오르다 보니 여기저기서 거뭇거뭇 불에 그을린 나무 무리가 보였다. 캘리포니아 산불이 전국의 뉴스를 장식할 때라 '캘리포니아 산불이 요세미티까지 번졌나?' 생각이 들었다. 그러기엔 국립공원 내 로지나 야영장과 화장실 등 다른 시설들은 멀쩡했다.

  구글을 검색해 보니 날씨가 선선해지고 비가 올 예보가 있고 알맞은 상황이 갖추어지는 가을이면 요세미티의 소방 관리자들이 나무들 일부를 인위적으로 태운다고 했다. 번개나 불씨로 인해 산불이 났을 때 큰불로 번지는 것을 방지하기 위해서, 그리고 불이 나야 씨앗이 퍼지는 종류의 나무 때문이었다.

  잣나무와 소나무를 아래로 내려다보며 한참 길을 따라 오른 끝에 드디어 투올름 그로브에 도착할 수 있었다. 고도는 1,860m. 차가 막히는 길도 아니었는데 생각보다 멀어서 숙소에서 한 시간이 넘게 걸렸다.

  오전 9시, 주차장에는 우리보다 앞서 온 밴과 우리 차, 두 대가 전부였다. 우리는 트레킹을 시작할 때면 입구의 안내판부터 자세히 읽어본다. 안내판의 내용은 이러했다.

  "1864년 링컨 대통령은 자이언트 세쿼이아를 보호하기 위해 요세미티 밸리와 마리포사 그로브를 캘리포니아주로 병합시키는 것에 사인했다."

  자이언트 세쿼이아가 도대체 어떤 나무길래 그럴까.

  숲은 너무 조용해서 속삭이듯 대화를 나눴다. 쌓인 눈에 무릎까지 빠져

가며 1km 정도 걸었을까. 어른 열 명이 손을 맞잡아도 나무 둘레를 다 이을 수 없을 만큼 큰 나무가 보였다. 적갈색 나무는 하늘까지 닿을 듯 키가 컸다. 자이언트 세쿼이아였다.

투올름 그로브에는 자이언트 세쿼이아가 스무 그루 정도 서식하고 있다. 자이언트 세쿼이아는 100m까지 자란다. 나무 표피는 꽃꽂이용 오아시스처럼 물을 머금을 수 있어서 산불이 나도 조금 그을릴 뿐 어지간해서는 죽지 않는다. 그리즐리 자이언트 세쿼이아의 수명은 3,000살 정도다. 아이러니하게도 자이언트 세쿼이아는 자신의 무게 때문에 쓰러지는 경우가 많다고 한다. 코끼리 460마리 무게에 달하는 자이언트 세쿼이아가 쓰러지면 산맥이 울릴 정도라고 한다. 1990년대 말에 한 그루가 넘어졌다고 하니 산맥이 울리는 소리를 들어본 사람이 있을지도 모르겠다.

인디언들은 오래 살았던 거대한 나무를 신이 깃든 나무라고 여겨 섬기기도 했다. 우리 선조들 역시 마을 어귀에 당산목을 심어 마을의 수호신으로 섬겼고, 신령이 깃든 나무 아래에서 제사를 지내곤 했다. 옛 선조들이 거목을 신성한 존재로 숭배했던 이유를 알 것 같았다. 이 어마어마한 거목도 역시 신성한 느낌이 들었다. 아무도 없는 숲속에서는 더더욱 그랬다.

자이언트 세쿼이아의 솔방울

투올름 그로브의 터널 트리

우리는 터널 트리(Tunnel Tree)까지 걸었다. 터널 트리는 과거에 도로를 내기 위해 인위적으로 구멍을 뚫은 세쿼이아 나무다. 1938년에 완공됐을 때는 자동차가 통과할 수 있을 정도로 큰 구멍이었지만 이제는 사람만 걸어서 통과할 수 있었다. 나무는 너무 커서 가족사진을 찍으려고 해도 나무 전체가 프레임에 담기지 않았다. 나무를 둘러보며 시간을 보내고 있는데 인기척이 들렸다. 혼자 트레킹 온 백인 여자였다. 눈 신발을 신은 걸로 보아 단단히 준비하고 온 여행객 같았다. 우리가 사진을 찍어준다고 해도 괜찮다고 마다하고 조용히 나무만 바라봤다.

나도 사진을 찍지 않고 여행할 때가 있었다. 이제는 사진을 찍지 않으면 희미한 인상만 기억에 남고 기억하고 싶은 것은 다 휘발되어 날아가 버린다. 그래서 오래 머무르면 된다고 결론을 내렸다. 오래 눈에 담고, 사진도 찍고, 하루를 마무리하는 저녁에는 일기를 쓴다.

요세미티를 트레킹하며 평창 동계 올림픽을 위해 파헤친 가리왕산을 떠올렸다. 1000년이 넘는 주목과 원시림이 있던 산. 링컨 대통령의 목소리가 들리는 듯했다. "자연은 우리의 것이 아니라, 미래 세대의 것이다."

데스밸리 국립공원에는 사람이 상주하는 방문자 센터가 없었고 요세미티 국립공원에서는 방문자 센터를 방문하지 않았다. 주니어 레인저 프로그램이 있고 배지를 받을 수 있다고 듣긴 했지만, 아이들의 반응이 시큰둥했기 때문이다.

요세미티 국립공원 다음 행선지였던 그랜드 캐니언에서 주니어 레인저 프로그램에 참여하고 배지를 받은 이후로 아이들은 방문했던 국립공원마다 배지를 받았다. 여행을 마친 후에 집에 돌아가서 데스밸리와 요세미티 국립공원 배지가 없다고 어찌나 아쉬워하던지. 데스밸리와 요세미티 국립공원 홈페이지에 들어가 보니 주니어 레인저 책을 출력해서 질문에 대한 답을 채워 넣은 후 국립공원으로 보내면 배지를 발송해 준다는 것을 알게 됐다. 아이들은 답을 작성한 책을 편지와 동봉해 데스밸리 국립공원과 요세미티 국립공원에 보냈다. 이 주 정도 후에 데스밸리 국립공원에서 배지 두 개가, 또 요세미티 국립공원에서는 한국계 파크 레인저의 답장과 배지 두 개가 도착했다. 아이들은 뛸 듯이 기뻐했다.

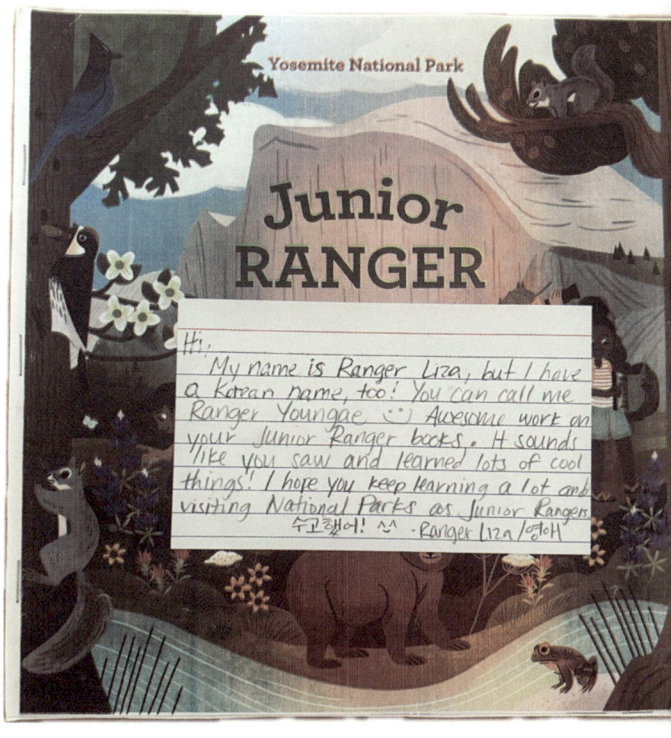

파크 레인저에게 받은 엽서

3장
시간이 빚어낸 거대한 협곡, 그랜드 캐니언

① 후버댐을 지나서
② 내 영혼이 나를 찾아올 수 있도록, 매더 포인트
③ 모든 것이 처음인 세 살 아이처럼 감탄하며,
   사우스 카이밥 트레일

"모든 미국인이 봐야 할 단 하나의 풍경이 있다면 그랜드 캐니언이다."

_26대 미국 대통령 시어도어 루스벨트

그랜드 캐니언은 미국 애리조나주 북부의 거대한 협곡지대이다. 그랜드 캐니언을 여행하는 사람들은 대체로 브라이스 캐니언과 자이언 국립공원까지 함께 둘러본다. 세 곳 모두 콜로라도 고원의 일부로, 융기된 퇴적층이 침식되어 형성되었다는 공통점을 가지고 있다. 하지만 그 모습은 각기 다른 매력을 뽐낸다. 브라이스 캐니언은 섬세한 후두가 옹기종기 모여 있고, 자이언 국립공원은 웅장한 바위산들이 협곡 양쪽에 솟아 있다.

세 곳의 퇴적층을 비교해 보면, 브라이스 캐니언은 비교적 젊은 지층으로 이루어져 있으며, 자이언 국립공원은 브라이스 캐니언과 그랜드 캐니언의 중간 정도의 연령을 가진 지층으로 구성되어 있다. 그랜드 캐니언은 선캄브리아시대부터 고생대에 이르기까지 지구의 역사를 고스란히 담고 있는 거대한 지질학 교과서다. 이처럼 지구의 오랜 지질 역사를 한눈에 보여주는 그랜드 캐니언은 1919년 국립공원으로 지정되었다.

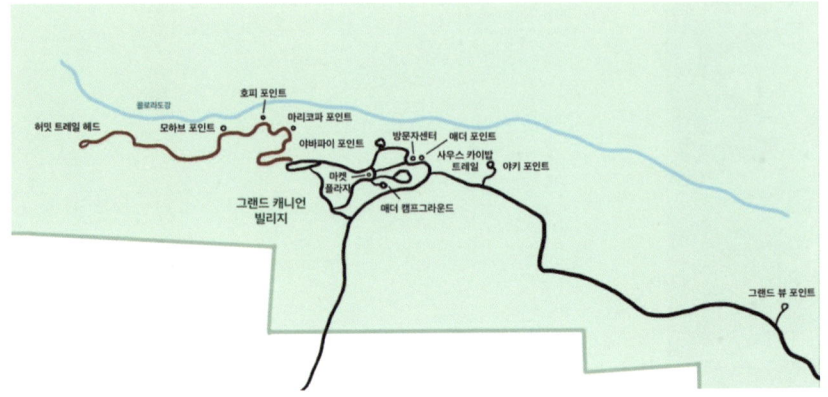

※ 꼭 알아야 할 팁

1. 연중 개방되는 곳, 사우스 림

    사우스 림보다 평균 고도가 300m 높은 노스 림은 눈이 많이 내리기 때문에 11월 중순부터 후년 5월까지는 진입로가 폐쇄된다. 우리 가족은 겨울에 방문했기 때문에 사우스 림만 방문했다.

2. 다양한 체험하기

    한국인이 많이 즐기는 헬기 투어나 경비행기 투어는 Maverick Helicopters, Papillon Grand Canyon Helicopters, Scenic Airlines 등의 업체가 있다. 노새 타기도 1년 전에 예약해야 할 만큼 인기 있는 체험이다.

노새 타기

3. 전망대에서만 머물지 말기

    트레킹을 하지 않으면 그랜드 캐니언의 진짜 매력을 놓칠 수 있다!

4. 바쁜 여행객은 웨스트 림을 방문하기

    그랜드 캐니언 웨스트 림(West Rim, 후알라파이 원주민 보호구역)은 라스베이거스에서 가장 가까운 림(차로 약 2시간)이다. 유리 바닥을 통해 1,200m 아래를 내려다보는 스카이워크 체험을 할 수 있다.

후버댐을 지나서

라스베이거스에서 하룻밤을 묵었다. 밤새 내리던 비는 그쳤고, 사막의 뜨거운 햇빛에 언제 비가 왔나 싶게 땅이 말랐다. 후버댐을 거쳐 그랜드 캐니언으로 가는 것이 그날의 일정이었다.

라스베이거스를 벗어나니 키 작은 유카 나무와 선인장이 듬성듬성 자라는 황무지가 펼쳐졌다. 캠핑카가 무리 지어 있는 곳도 있었는데, 방문객이 아니라 거기서 사는 사람들의 집인 것 같았다. 마을과도 멀리 떨어진 사막 한가운데에서 왜 사는 걸까. 거주민들의 이야기가 궁금했다.

후버댐(Hoover Dam)은 미국의 후버 대통령 재임 기간이던 1931년에 착공돼 후버댐이라는 이름이 붙었다. 하지만 진짜 공은 프랭클린 D 루스벨트 대통령에게 있다. 그는 대공황을 타개할 목적으로 뉴딜을 제안했고, 그 대표 사례로 후버댐을 선정했다.

후버댐 앞에는 무장한 경비병들이 차례로 다가오는 차량을 검문하고 있었다. 신분증 검사를 하느라 정체된 차 안에 있자니 요세미티를 떠나 현실 세계로 돌아온 것이 실감 났다.

후버댐

　네바다주와 애리조나주는 콜로라도강을 경계로 나뉜다. 후버댐은 미국에서 멕시코까지 2,330km를 흐르는 콜로라도강의 하류 블랙 협곡을 막아 건설한 댐이다. 댐은 높이 221m, 길이 411m의 엄청난 크기다. 그 당시 기술력으로는 이해하기 힘든 규모라 1936년에 완공될 당시 불가사의에 오르기도 했다.

　후버댐에는 두 개의 시계가 걸려 있었다. 네바다주 시계탑에는 태평양 표준시 시계, 애리조나 쪽 시계탑에는 산악 표준시 시계였다. 애리조나주는 일광 절약 시간(Day light summer time, 흔히 서머 타임이라 부른다)을 시행하지 않지만, 네바다주는 일광 절약 시간을 시행한다. 겨울에는 한 시간의 시차가 있지만 4월부터 10월까지는 시간이 같아진다. 우리가 여행했던 12월에는 네바다 쪽 시계는 1시, 애리조나 쪽 시계는 2시를 가리키고 있었다.

　미국 서부지역은 한동안 비가 오지 않았다. 뉴스를 틀면 가뭄으로 콜로라도강이 말라가고 있다는 보도가 심심찮게 나왔다. 캘리포니아, 네바다, 콜로라도, 뉴멕시코, 유타, 와이오밍 7개 주는 콜로라도강의 수자원에 의지해 살고 있다. 후버댐을 만들며 생긴 미드호 덕분에 라스베이거스가 세워졌고 미국 서남부는 사막 기후에도 불구하고 사람이 살 수 있는 땅이 되었다.

『사막의 고독』에서 에드워드 애비는 "사막은 물이 부족한 것이 아니고 아주 적당하게 있을 뿐이다. (…) 이곳은 도시가 있어서는 안 될 곳이다."라고 했다. 라스베이거스에서 물을 펑펑 쓰며 샤워할 수 있었던 것은 후버댐 덕분이었다. 사람이 살지 않았던 척박한 곳까지 개발해야 했던 건 폭발적인 인구 증가와 경제문제 때문일 것이다. 자동차를 타고 하루에 몇 시간씩 운전하며 여행하는 여행자인 내가 부끄러웠지만, 한편으로 개발 덕분에 이런 여행을 할 수 있게 된 것이 감사하기도 했다.

우리는 차로 후버댐의 전망대 끝까지 올랐다. 스페인어로 '빨갛게 물든'이라는 뜻의 콜로라도강은 댐에 막혀 더 이상 흐르지 않았다. 극심한 가뭄 때문에 경계 아래로는 흰 바위가 드러나 있었고 경계 위로는 풀이 말라 있었다. 연방정부는 주정부에 물 제한 조치를 내렸다고 한다.

그렇게 가물었는데 우리가 여행하려니 가는 곳마다 비 소식이 있었다. 비를 피해서 여행할 장소 순서를 바꾸고 숙소를 다시 예약하느라 힘들긴 했지만, 가뭄이 해소되어서 다행이었다.

여행에서 돌아온 후 1월의 뉴스는 이랬다. "캘리포니아 물난리". 비가 와도 너무 온단다. 비가 안 와서 문제였는데 비가 너무 오는 것도 문제다.

우리는 척 베리의 〈Route 66〉을 들으며 '루트 66'의 거점 도시, 킹맨에 도착했다. 루트 66은 1926년에 만들어진 미국 최초의 횡단 고속도로 중 하나로 시카고부터 로스앤젤레스까지 이어지는 도로다. 지금도 많은 구간이 'Historic Route 66'이라는 이름으로 보존되어 있다.

점심을 먹으러 멕시칸 프랜차이즈 음식점인 치폴레에 갔다. 아이들에게 채소를 먹일 목적이었는데 아이들은 낯선 향신료가 입에 맞지 않았는지 손도 대지 않았다.

여행하면서 서부에만 있는 여러 햄버거 프랜차이즈를 섭렵했다. 햄버거 단품이 10달러가 넘는 칼스 주니어는 큼지막한 패티와 양상추, 토마토, 피클 등 온갖 토핑이 가득 들어가 있어서 든든했다. 한국에도 매장이 있는 인앤아웃 버거는 칼스 주니어에 비하면 크기가 절반만 했다. 같은 프랜차이즈 햄버거 가게라도 누가 조리하냐에 따라 맛이 많이 달라지는데 인앤아웃 버거는 맛이 균일해서 실망할 일이 없다. 햄버거가 지겹다면 중식을 가성비 있게 먹을 수 있는 팬더 익스프레스도 좋은 선택지다. 주유소에 있는 휴게소 햄버거도 기대 이상으로 맛있는 곳이 많아 주유할 때 가끔 들러보는 것도 재미있었다.

정오까지는 따뜻한 지역에 있었는데 몇 시간 만에 눈이 내리는 곳으로 오다니. 그랜드 캐니언은 융기 지형이라 그랜드 캐니언에 가까워질수록 고도가 높아졌다. 눈으로 뒤덮인 도로는 꽁꽁 얼어있었다. 가로등도 없어서 캄캄한데 설상가상으로 눈보라까지 몰아쳤다. 오르막과 내리막이 반복되는 도로에서 차가 미끄러질까 봐 몸에 절로 힘이 들어갔다. 얼마나 긴장했던지 야바파이 로지 주차장에 내리자, 다리가 풀렸다.

멀리 보이는 평평한 고원이 그랜드 캐니언의 사우스 림

내 영혼이 나를 찾아올 수 있도록, 매더 포인트

일기 예보는 어찌나 잘 들어맞던지. 매더 포인트(Mather Point)에 있던 사람들은 난간을 잡고 미끄러지지 않으려고 안간힘을 쓰고 있었다. 안개는 점점 짙어지기만 했다. 전날 밤과 같은 곳이 맞는지 의심스러울 정도였다. 필라델피아 미술관에 걸려 있는 토마스 모란의 '콜로라도강의 그랜드 캐니언'(Thomas Moran/Grand Canyon of the Colorado River)처럼 붉은 협곡이 첩첩이 보여야 하는데, 사방이 안개라니.

전날 밤, 그랜드 캐니언 숙소에 짐을 두자마자 우리는 여기, 매더 포인트에 왔다. 눈이 쏟아지는 빙판길을 헤치고 도착했던 그랜드 캐니언은 구름 한 조각 없이 맑았다. 마침 숙소가 매더 포인트 앞이라 별을 보러 나갔다. 가로등도 없었던 그곳은 마치 세상의 어둠을 다 삼킨 듯 캄캄했다. 무섭다는 딸을 감싸 안고 함께 하늘을 올려 봤다. 데스밸리에서 봤던 것처럼 은하수가 보이는 멋진 밤하늘이었다. 우리 가족 모두 다른 세상에 와 있는 듯한 착각마저 들었다.

아무리 몽골에서의 밤하늘이 좋았다고 해도 이쯤 되면 밤하늘 집착증이

의심된다. 그런데 밤하늘은 봐도 봐도 질리지 않았다. 선조들은 망망대해에서 항해할 때 밤하늘의 별을 보고 길을 찾았다. 할머니들은 밤에 손주들에게 옛이야기 보따리를 풀어냈고, 달을 보며 소원을 빌었다. 어쩌면 밤하늘은 우리에게 길을 알려주는 건 아닐까. 그게 아니더라도, 그냥 하늘만 올려다봤을 뿐인데 행복할 수 있다면, 말 그대로 '개이득' 아닌가.

밤하늘을 보러 나갔던 것은 선견지명이었다. 그렇게 맑은 하늘은 그날 밤이 마지막이었기 때문이다. 눈보라가 몰아쳤고 날은 점점 추워졌다. 야외에서 할 수 있는 것이 없는 것 같아서 야바파이 방문자 센터로 갔다.

야바파이 방문자 센터 안은 따뜻했다. 벽면에는 그랜드 캐니언의 생성 과정과 다양한 생태계를 보여주는 전시물들이 전시되어 있었다. 우리는 전시물을 보며 아이들과 주니어 레인저 핸드북을 채웠다. 우리는 또 다른 따뜻한 실내를 찾아 마을에 있는 스타벅스에 갔다. 스타벅스에는 우리처럼 갈 곳 없는 사람들로 인산인해였다. 30분 동안 줄을 서서 겨우 카페라테와 민트 초코 음료를 주문했고, 다시 십 분을 기다려서 음료를 받았다.

아이들은 그동안 주니어 레인저 책을 마무리했다. 아이들이 채운 내용은 참 솔직했다.

> 그랜드 캐니언에서 본 것: 눈, 안개
> 그랜드 캐니언에서 본 동물: 아무 동물도 보이지 않았음
> 그랜드 캐니언에서 들은 것: 바람 소리
> 그랜드 캐니언 날씨는: 추웠다.
> 오늘 그랜드 캐니언은 어떤 느낌이었나?: 안개 낀 느낌

"영혼은 비행기처럼 빨리 날 수 없다."라는 문장을 다와다 요코의 『영혼 없는 작가』에서 읽은 적이 있다. 아메리카 원주민들은 말을 타고 달리다가도 때때로 멈춰 서서 뒤를 돌아보았다고 한다. 육체가 너무 빨리 나아가 영혼이 따라오지 못할까 봐 걱정했기 때문이다.

애써 시간을 내고 비용을 마련해 떠난 여행길에서는 뒤를 돌아볼 여유가 없기 마련이다. 여기서는 이것을 보고 저기서는 이것을 보는 관광이 아닌, 함께해서 즐거운 여행이면 충분하다고 고상하게 말하고 다녔는데 차라리 그런 말이나 하지 말았어야 했다. 내가 아무리 툴툴거려도 안개가 걷힐 일은 없었다.

숙소에서 아이들은 책을 읽고, 일기도 쓰고, 베개 싸움도 하고, 빙고 게임도 하면서 시간을 보냈다. 나는 폴 오스터의 『달의 궁전』을 이어 읽었다. 이 책에서 서부의 사막은 인간의 존재가 미미하게 느껴지는, 끝없이 펼쳐진 공간으로 묘사된다. 삼 대에 걸친 세 등장인물의 인생 이야기를 쫓아가지 않더라도 이 책은 서부 여행을 하며 읽기 딱 좋았다.

다음 날 아침, 우리는 매더 포인트를 다시 방문했다. 다행히 안개가 조금 걷혔다.

안개 때문에 아무것도 보이지 않았던 매더 포인트

안개가 조금 걷힌 매더 포인트

모든 것이 처음인 세 살 아이처럼 감탄하며, 사우스 카이밥 트레일

★★★☆☆

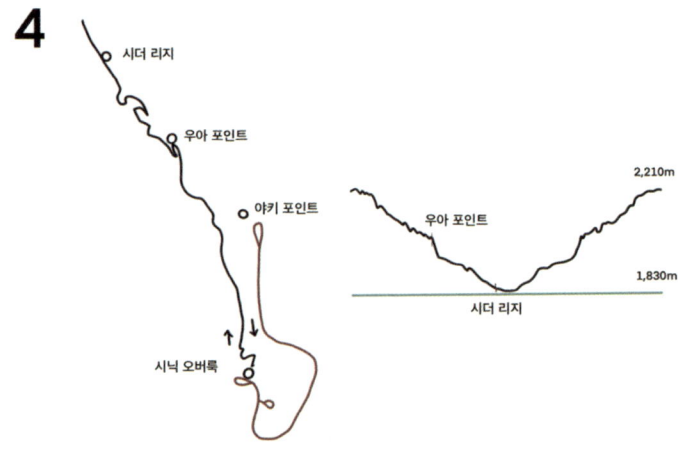

그랜드 캐니언 방문자 센터 앞에서 오렌지 라인(카이밥 림 루트, Kaibab Rim Route) 셔틀버스를 타고 사우스 카이밥(South Kaibab) 트레일에 도착했다. 사우스 카이밥 트레일은 절벽 위 시작점부터 지그재그로 난 길을 따라 협곡 바닥의 림까지 내려가는 트레일이다. 협곡 바닥까지 갔다가 되돌아오는 트레킹은 하루 일정으로는 불가능해서 야영이 필요하다. 우리는 우아 포인트(Ooh Aah Point)를 지나 시

더 리지(Cedar Ridge)까지 둘러보는 서너 시간의 왕복 트레킹을 하기로 했다.

사우스 카이밥 트레일은 1900년대 초반에 국립공원관리청이 인위적으로 만든 트레일이다. 사우스 카이밥에서는 마실 물을 구할 수 없었기 때문에 원주민들은 먼 옛날부터 이 길 대신 물을 구할 수 있고 경사도 완만한 브라이트 엔젤 트레일을 이용했다고 한다. 1800년대 후반 초기 탐험가들이 브라이스 엔젤 트레일 인근을 매입해 관광객들에게 통행료를 받았는데, 그랜드 캐니언이 국립공원이 되면서 통행료 문제가 불거졌다. 미국 국립공원관리청은 1928년부터 누구나 자유롭게 이용할 수 있도록 사우스 카이밥 트레일을 설계했다고 한다.

눈 덮인 트레일은 미끄러웠다. 안개 때문에 1m 앞도 보이지 않았는데 경사까지 가팔랐다. 우리는 안전을 위해 아이젠을 착용해야 했다. 그랜드 캐니언에서는 콘도르, 큰뿔양, 코요테, 도마뱀 같은 동물들을 볼 수 있다고 들었는데 날씨 때문인지, 낮이라 그런지 동물은 흔적조차 찾을 수 없었.

우아 포인트까지 내려가는 사이에 고도가 꽤 낮아져서인지 트레일은 눈이 녹아 진창으로 변했다. 이따금 동물들이 남긴 발자국과 배설물이 눈에 띄었다. 동글동글한 똥, 질퍽한 똥, 각양각색의 똥을 밟지 않으려면 발 아래를 잘 보고 걸어야 했다. 우리는 미끄러운 진창에서 넘어지지 않으려고 안간힘을 썼다. 철벅 철벅, 미끌미끌한 진흙이 부츠와 바지에 튀었다. 고도가 낮아질수록 그랜드 캐니언의 상징과도 같은 붉은 색을 띤 수파이 지층이 드러났다.

사우스 카이밥 트레일 초입

시더 리지로 내려가는 길

기적처럼 서서히 안개가 걷혔다. 지구의 역사가 눈앞에 펼쳐졌다. 우리가 걸었던 길도 경사가 만만찮지만 눈앞에 펼쳐진 붉은 레드월 석회암 절벽은 거의 수직에 가까웠다. 사우스 카이밥 트레일은 대부분 셰일과 사암으로 이루어졌기 때문에 레드월 같은 극단적인 침식이 일어나지 않는다고 한다. 반면에 고압으로 인해 단단하게 굳어진 레드월은 침식과 풍화에 강하지만, 균열이 발생하면 대규모로 무너져 내리는 특성이 있다고 한다.

갑자기 아들의 비명 소리가 들렸다. 진흙 길에서 미끄러지면서 선인장에 손을 찔린 것이었다. 장갑과 바지에 선인장 가시가 잔뜩 꽂혀있었다. 장갑을 끼고 있지 않았으면 크게 다칠뻔했다. 온 가족이 달려들어 옷 여기저기 박힌 가시를 뽑고 있는데 다시 안개가 몰려왔다. 잠시나마 안개가 우리 가족을 위해 길을 열어준 것 같았다.

조금 더 협곡을 내려가 스켈레톤 포인트에 가면 콜로라도강을 볼 수 있었지만, 발길을 돌려 트레일 입구로 향했다. 나는 방문자 센터에서 봤던 사진 속의 콜로라도강을 머릿속으로 그려봤다. 로키산맥에서 시작해 아치스 국립공원 남쪽을 지나고, 캐니언 랜드에서 그린 리버와 합류해 그랜드 캐니언까지 이어지는 거대한 물줄기. 오랜 세월 동안 단단한 바위를 깎고 부수며 협곡을 만든 강을. 콜로라도강은 그랜드 캐니언의 조각가였다. 서부 여행에서는 아이들이나 어른이나 모두 세 살 아이가 된다. 모든 것이 신기하고 낯설었다.

이제 사우스 림 동쪽 입구를 통해 그랜드 캐니언을 떠나 페이지로 갈 시간이었다. 동쪽 입구의 데저트 뷰 포인트에는 그랜드 캐니언의 탁 트인 전망을 감상할 수 있는 워치타워가 있다. 맑은 날 워치타워에 오르면 콜로라도강과 다양한 색상의 지층을 볼 수 있는 페인티드 사막을 한눈에 담을 수 있다고 한다. 하지만 안개는 점점 더 짙어져서 이제 한 치 앞도 보이지 않았다.

그랜드 캐니언에서 내려가니 안개가 걷히고, 시야가 밝아졌다. 혹시 날이 개었나 싶어 뒤를 돌아보니 그랜드 캐니언 꼭대기에 구름이 걸려 있었다. 날이 개었으면 다시 그랜드 캐니언으로 올라가려고 했는데 미련 없이 페이지로 향했다.

그랜드 캐니언 동쪽 입구를 지나자, '리틀 콜로라도강 나바호 부족 공원
(Little Colorado River Navajo tribal park)'이라는 궁색한 안내판 옆에서 원주민들이 공예품
을 팔고 있었다. 공예품을 구경했지만, 특별히 눈에 띄는 건 없었다. 안내
판 옆에는 케이블카 설치 반대 피켓이 여기저기 걸려 있었다.

그랜드 캐니언에서 협곡을 감상하는 것도 좋지만, 원주민이었던 인디언
도 떠올려야 한다. 미국 정부가 대부분의 토지를 국립공원과 공공 토지로
지정하면서 그랜드 캐니언 남부 지역에 살던 하바수파이 부족은 518에이
커의 작은 보호구역으로 강제 이주됐다. 원주민 아이들은 정부가 운영하는
기숙학교에 보내져 모국어 사용과 전통문화를 금지당했고 서구적 문화를
강요당했다. 지금도 아메리카 원주민들은 높은 실업률과 빈곤 문제로 허덕
이고 있다.

케이블카를 설치하자는 사람들은 '몸이 불편한 사람도 협곡을 감상할 수
있어야 한다.'라고 주장한다. 하지만 나바호 부족은 '자연은 자연 그대로 남
겨두는 것이 좋다.'는 입장이다.

페이지로 가는 차 안에서 아이들에게 케이블카 설치를 어떻게 생각하는
지 물었다.

"나는 반대야. 케이블카를 설치하면 그랜드 캐니언이 망가질 거고, 어차
피 돈 많은 백인들만 돈 벌지 원주민한테 좋은 건 없을걸."

아이들은 아메리카 원주민들은 자신들의 터전이 망가져 가는 것을 또 바
라봐야 할 것이라고 하며 절대 반대를 외쳤다. 케이블카를 놓는 건 마음을
먹으면 할 수 있는 일이지만 20억 년의 시간이 쌓아 올린 암석이 수천만 년
의 침식 속에 깎이고 다듬어져 드러난 이 협곡은 다시 만들 수 없는 것이다.

기름이 얼마 남지 않아 계기판이 깜빡여서 주유소에 들렀다. 주변에는 주유소가 거의 없었기 때문에 비싼 기름을 넣는 것 외에는 선택의 여지가 없었다. 주유를 마치고 간단한 간식거리를 사기 위해 주유소에 딸린 가게에 들렀다. 가게 안에는 오래되고 낡은 가판대 위에 먼지 쌓인 물건들이 놓여 있었다. 계산대 위에는 언제 만들었는지 모를 피클이 잔뜩 들어있는 커다란 유리병도 놓여 있었다. 마치 시간이 멈춘 것 같았다. 피클병 뒤로 60세쯤 되어 보이는 인디언 할머니가 보였다. 갈색 피부, 검은 머리, 나와 비슷한 얼굴형. 뭐라도 사드리고 싶어서 사탕 봉지를 집어 들고 계산대로 향했다. 나는 왠지 모를 안타까움을 느끼며 가게를 나왔다. 그들의 바람대로 케이블카가 설치되지 않길 바랐다.

그랜드 서클 여행 필수 코스, 페이지

① 앤털로프 캐니언과 호스슈 벤드 너머의 황야로
② 서부 영화의 한 장면 속으로, 모뉴먼트 밸리

그랜드 서클을 여행 중이라면 애리조나주의 작은 도시, 페이지를 거치지 않을 수 없다. 그랜드 서클은 일반적으로 미국 남서부에 위치한 그랜드 캐니언 국립공원, 자이언 국립공원, 브라이스 캐니언 국립공원, 아치스 국립공원, 캐니언 랜드 국립공원, 모뉴먼트 밸리, 앤털로프 캐니언을 둘러보는 여행을 의미한다. 페이지는 그랜드 서클의 중심에 자리 잡고 있다. 사암 협곡 벽 위로 환상적인 색감으로 반사되는 빛과 그림자를 감상할 수 있는 앤털로프 캐니언과 말발굽 모양의 강렬한 풍경을 자랑하는 호스슈 벤드는 페이지에서 차로 몇 분 거리에 불과하다. 글렌 캐니언 댐과 댐을 만들면서 생긴 거대한 인공 호수인 파월 호수도 방문해 볼 만하다.

※ 꼭 알아야 할 팁

1. 앤털로프 캐니언 예약하기
   캐니언 위에서 바닥까지 내려오는 빛줄기를 온전히 감상할 수 있는 시간은 4월에서 9월 사이의 정오다. 이 시간대는 많은 이들이 찾는 황금 시간으로, 예약 경쟁이 치열하다. 앤털로프 캐니언 투어는 날씨에 좌우된다. 예약에 성공했어도 비가 오면 출입이 통제되기 때문이다.

2. 어퍼 앤털로프 캐니언과 로어 앤털로프 캐니언의 차이
   ★어퍼 앤털로프 캐니언으로 관광객이 많고 예약이 빨리 마감된다. 천장이 좁고 높아서 햇빛이 수직으로 들어오는 빛 내림을 감상할 수 있다. 협곡 입구가 지면과 같고 이동이 상대적으로 쉽다.
   ★로어 앤털로프 캐니언은 사다리를 이용해 협곡으로 들어가야 한다. 협곡 내부가 좁고 꼬불꼬불해서 좀 더 활동적인 탐험이 필요하다. 덜 붐비고 가격도 어퍼 앤털로프 캐니언에 비해 저렴한 편이다.

3. 숙소 예약하기
   페이지에서 묵었던 'Home 2 Suites by Hilton'는 4인 가족이 묵기에 적당한 숙소였다. 퀸 침대 두 개와 소파 베드가 포함된 방도 있었기 때문이다. 방에는 개수대와 커피잔, 식기와 포크도 있어서 활용도가 높았다. 힐튼 계열 숙소는 침대도 잘 관리된 편이고, 잠을 잘 수 있는 공간에 침대뿐 아니라 소파 베드도 마련되어 있어서 숙면을 취할 수 있었다. 미국에 살면서 여행을 많이 했는데, 나중에는 웬만하면 홈 투 스윗 바이 힐튼에 묵을 정도였다.

앤털로프 캐니언과
호스슈 벤드 너머의 황야로

앤털로프 캐니언 ★☆☆☆☆
호스슈 벤드 ★☆☆☆☆

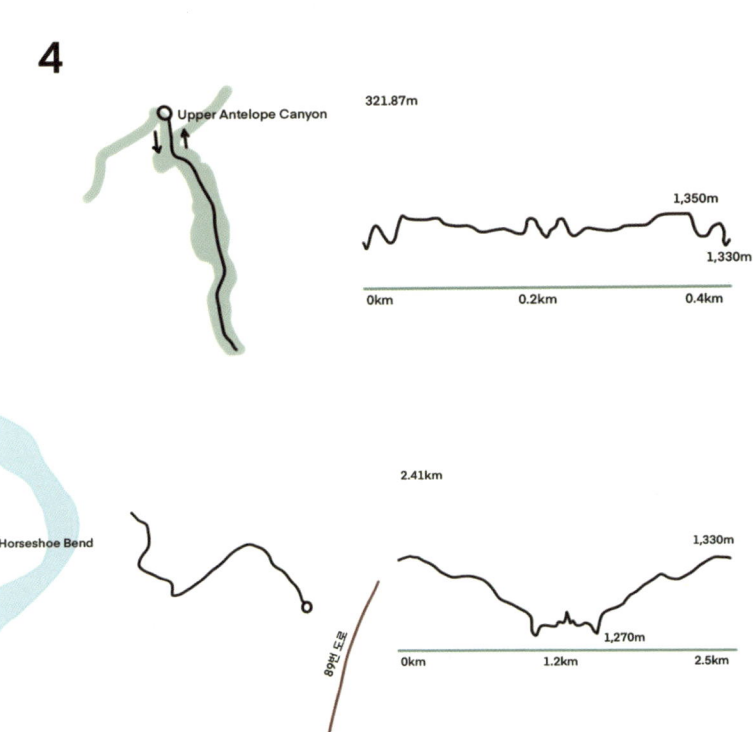

페이지를 방문한다면 관광지인 호스슈 벤드*(Horseshoe Bend)*, 앤털로프 캐니언, 글렌 캐니언 댐*(Glen Canyon Dam)* 같은 관광지만 둘러보는 것으로 만족하면 안 된다. 그랜드 캐니언에서 페이지로 가는 길, 페이지에서 모뉴먼트 밸리로 가는 황야는 시간마저 멈춘 것 같은 고독과 정적이 흐르는 땅이다. 사람들로 혼잡스러운 관광지를 벗어나는 순간 우리는 미지의 세계로 들어가게 된다. 이 경이로운 경관을 그냥 지나치는 건 안타까운 일이다.

페이지로 가는 길에 있었던 전망대

US-89를 따라 남쪽으로 난 길 어딘가에서 우리는 점심을 먹기로 했다. 여기저기에 흰 나이테 무늬가 있는 원뿔 모양의 바위가 늘어서 있었다. 낯익은 도시의 흔적은 어디서도 찾아볼 수 없었다. 빵과 소시지, 오렌지를 꺼내 평평한 바위에 앉았다. 점심을 먹는 동안 하늘은 시시각각 변했다. 도로가 높고 평평한 협곡 위로 나 있었기 때문에 도로 어디서도 침식이 만든 깊고 평평하게 펼쳐진 대지를 내려 볼 수 있다. 대지 위에서 움직이는 건 구름 그림자뿐이었다.

12월 31일, 한 해의 마지막 날, 우리는 호스슈 벤드를 방문했다. 이름처럼 말발굽 모양으로 휘어진 콜로라도강의 푸른 물줄기가 붉은 사암 절벽을 감아 흐르고 있었다. 절벽 가까이 다가가서 보고 싶은 마음이 절로 들었다. 아름다운 풍경을 사진으로 남기려다가 절벽 아래로 떨어져 죽는 사람이 종종 있다고 들었기 때문에 엉덩이로 엉금엉금 걸어갔다. 300m 절벽 아래는 정말 아찔했다. 아이들은 위험하니 얼른 나오라고 성화였다.

사람들로 북적였던 호스슈 벤드에서 벗어나 글렌 캐니언 댐으로 이동했다. 후버댐에 방문한 지 며칠 되지 않아 콜로라도강에 세워진 또 다른 댐에 방문한 것이다. 아치 모양의 글렌 캐니언 댐은 글렌 캐니언 사이에 단단하게 박혀 있었다. 댐 너머에는 글렌 캐니언 댐을 건설하면서 만들어진 인공 호수인 파월 호수(Lake Powell)가 보였다.

글렌 캐니언 댐 전망대는 짧은 트레일 끝에 있었다. 작은 암석 계단을 내려가 전망대에 서자, 수직 절벽 아래로 푸른 콜로라도강이 보였다. 주변 바위들은 강물에 의해 매끄럽게 깎여 있었다. 『사막의 고독』의 작가 에드워드 애비는 글렌 캐니언에 댐이 지어지는 걸 안타까워했다. 그는 댐이 지어지기 백여 년 전에 J. 웨슬리 파월 소령이 모험했던 길을 따라 고무보트를 타고 탐험했다. 모험을 마친 후 그는 파월 소령이 그의 이름을 딴 댐을 좋아할 리 없을 거라며 안타까워했다.

그는 책에서 "황야는 사치품이 아니라 인간의 영혼에 꼭 필요한 필수품"이라고 말한다. 그가 글렌 캐니언을 탐험한 지 60년도 더 지난 때에 방문한 우리는 댐이 만들어지기 전의 모습을 알 수 없다. 문명이 주는 편리함에도 익숙하다. 내가 할 수 있는 건 관광지 말고 다른 곳도 눈에 담고, 그 장엄한 풍경으로 영혼을 채우는 일이었다.

글렌 캐니언

호스슈 벤드

겨울 여행을 준비하면서 가장 먼저 예약을 한 곳은 앤털로프 캐니언이었다. 정오 무렵에 캐니언 사이로 들어오는 빛줄기를 감상하기 위해서는 예약을 서둘러야 했다. 우리가 여행했던 12월은 비수기였음에도 불구하고 정오 투어는 이미 예약이 꽉 차 있었다. 이후에 지인들이 그랜드 서클 여행 팁을 물어볼 때마다 앤털로프 캐니언을 가장 먼저 예약하라고 일러두었다.

우리는 차선책으로 오후 2시 투어를 예약했다. 캐니언 안으로 비스듬히 들어오는 빛이 협곡 벽에 반사되는 모습도 충분히 아름다울 것 같았다. 다행히 햇빛이 쨍쨍한 날이어서 투어를 즐기는 데에는 전혀 문제가 없었다. 우리는 90년대에 이민 온 한국인 일가족, 백인 커플과 한 조를 이루어 원주민 가이드가 운전하는 픽업트럭에 올라탔다.

작은 나무가 드문드문 자란 사막의 비포장 길을 10분 정도 달려 멀미가 나기 직전에 앤털로프 입구에 도착했다. 앤털로프 입구까지 걸어가는 길에 가이드가 모래에 찍힌 작은 발자국을 가리켰다.

"코요테 발자국이네요."

그 말을 듣고 주위를 둘러보니 비슷한 발자국이 여기저기 보였다. 가이드가 아니었다면 발자국이 있는지조차 몰랐을 것이다.

앤털로프 캐니언의 '앤털로프'는 한국어로 '영양'이라는 뜻이다. 먼 옛날에는 앤털로프 캐니언 안으로 영양이 자주 들락거렸기 때문에 '앤털로프 캐니언'이라는 이름이 붙었다고 한다. 나는 '혹시 영양의 흔적을 찾을 수 있을까?' 두리번거렸지만 코요테 발자국 외에 다른 동물의 흔적은 보이지 않았다.

안내인을 따라 협곡 안으로 들어갔다. 점점 더 좁아지는 협곡 내부는 햇빛이 눈부시게 빛났던 바깥과는 달리 어두웠다. 좁은 협곡의 틈 사이로 빛줄기가 내려왔다. 빛이 닿는 곳은 불을 지핀 듯 붉게 빛났다. 부드러운 사포로 갈아 조각한 듯 휘어지며 흐르는 협곡은 물이 만들어 낸 작품이었다. 여름철에 폭우가 쏟아지면, 부드러운 모래로 이루어진 좁은 협곡 안으로 빗물이 빠르게 흐른다. 이러한 과정을 무수히 거쳐 앤털로프 캐니언의 물결치는 듯한 무늬가 탄생한 것이다. 가이드는 얼마 전 비가 많이 와서 꼭대기까지 물이 찼었다며 캐니언 벽을 가리켰다. 정말 물이 덜 마른 흔적이 짙게 남아있었다.

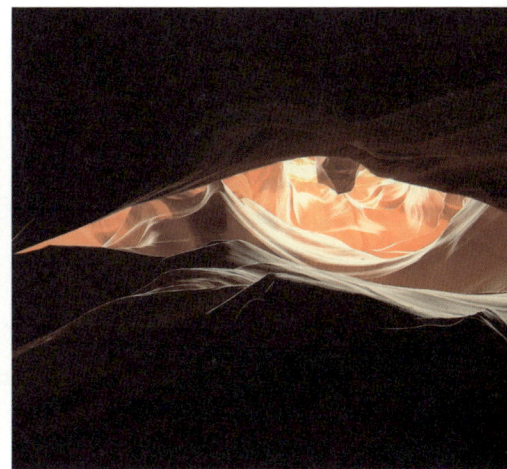

앤털로프 캐니언

서부 영화의 한 장면 속으로, 모뉴먼트 밸리

☆☆☆☆☆

투어를 마치고 두 시간을 넘게 달려 모뉴먼트 밸리(Monument Valley)에 도착하니 저녁 7시였다. 원래는 새해의 첫날을 일출로 유명한 더 뷰 호텔에서 맞이하고 싶었다. 더 뷰(The View)라는 이름 그대로 "전망"을 위한 호텔이었다. 모뉴먼트 밸리의 대표적인 거대한 바위기둥들 사이로 떠오르는 해를 감상할 수 있는 곳은 더 뷰 호텔뿐이었다. 하지만 여행을 급작스럽게 갔던 터라 남은 객실이 없었다. 우리 가족은 차선책으로 굴딩스 로지를 예약하고 새해 일출은 더 뷰 호텔에 가서 보기로 했다.

"해돋이 보러 가자."

더 뷰 호텔의 테라스 앞에 펼쳐진 풍경은 그야말로 장관이었다. 짙은 회색 하늘 아래, 붉은 모래 위로 거대한 세 개의 바위(trio of buttes)가 솟아있었다. 나바호족에게 그 세 개의 바위는 하늘과 땅을 잇는다는 영적인 의미가 있다고 한다. 바위를 바라보자 왠지 슬픈 마음이 들었다. 어디선가 읽었던 나바호족의 역사가 떠올랐기 때문이다.

"150년 전쯤에 나바호족은 뉴멕시코로 강제로 이주당했대. 뉴멕시코까지 가는 길에는 제대로 된 음식도, 물도 없어서 나바호족 사람들이 많이 죽었대. 5년 뒤에 미국 정부가 그들에게 사과하며 돌아갈 땅을 선택할 수 있도록 했는데, 나바호족은 고민 끝에 어제 갔던 앤털로프 캐니언이랑 여기, 모뉴먼트 밸리가 있는 나바호 네이션*(Navajo Nation)* 으로 돌아가기로 했대."

아이들은 듣는 둥 마는 둥 고개를 끄떡였다.

혹시라도 해가 불쑥 떠오를까 봐 언제고 사진을 찍을 수 있게 핸드폰을 들고 있었더니 손이 시려 곱을 정도였다. 뜨거운 커피가 있어서 다행이었다. 준비해 갔던 커피를 손에 들고 있었더니 손은 금세 녹았다. 뜨거운 커피는 내장까지 따뜻하게 데워줬다. 겨울에 일출을 보기 위해 꼭 준비해야 할 준비물은 뜨거운 커피였다.

해를 기다리는 사람은 우리 가족만이 아니었다. 요가를 하는 사람, 명상을 하는 사람, 담요를 덮고 해를 기다리는 사람, 모두 각자의 방식으로 새해 첫날의 일출을 기다리고 있었다. 한 해의 첫날, 모뉴먼트 밸리에 온 사람들에게선 왠지 경건한 느낌이 들었다.

일기 예보대로 잔뜩 구름 낀 날이었다. 해가 잠깐이라도 나오길 기도하며 어렴풋이 밝아지는 하늘을 바라봤다. 세 개의 바위 사이로 붉은빛이 번져나갔다. 구름 속에서 해가 붉게 물들었다. 그리고 어느새 하늘이 밝아졌다. 구름 사이로 해가 이미 떠오른 것이다. 해는 볼 수 없었지만, 새벽의 아름다움은 충분히 즐길 수 있었다.

"이제 모뉴먼트 밸리로 갈까?"

더 뷰 호텔에서 바라본 세 개의 바위

우리의 기대는 실망으로 바뀌었다. "오늘은 휴무입니다"라는 안내판이 길 앞에 세워져 있었기 때문이다. 〈역마차〉, 〈수색자〉 등 수많은 서부 영화의 배경인 존 포드 포인트, 바위 세 개가 나란히 서 있는 쓰리 시스터즈, 메사의 양쪽 끝부분이 뾰족하게 솟아올라 마치 독수리의 날개 모양 같다는 이글 메사 같은 다양한 뷰 포인트를 볼 수 있을 거라고 정말 기대했건만.

크리스마스 당일이나 새해 첫날에는 국립공원의 방문자 센터도 운영하지 않는다. 모뉴먼트 밸리도 휴무일지도 몰라서 여행을 계획할 때 홈페이지를 찾아봤지만, 운영 여부에 대한 안내가 없었다. 그래서 투어가 가능할 줄 알았건만.

이대로 돌아갈 수는 없었다. '혹시나' 하는 마음에 안내판을 무시하고 모뉴먼트 밸리 안으로 들어갔다. 드넓은 모뉴먼트 밸리에는 아무도 없는 것 같았다. 하지만 그것도 잠시 어디서 나타났는지 모를 차 한 대가 쫓아왔다.

"오늘은 휴무예요. 돌아가세요."

모뉴먼트 밸리를 떠나기 전, 영화 〈포레스트 검프〉의 촬영지로 유명한 '포레스트 검프 길'에 들르기로 했다. 주인공 포레스트가 3년 2개월 14일 16시간 동안 미국 전역을 달리다가 갑자기 달리기를 멈춘 곳이다. 이른 아침이라 도로는 한산했다. 붉은 사막 한가운데에 거대한 뷰트_(butte, 높고 가파른 절벽을 가진 꼭대기가 좁은 고립된 언덕 지형)_들이 또렷하게 서 있었고, 그 위로 구름이 무겁게 내려앉아 있었다. 우리는 영화에서처럼 도로를 힘껏 달렸다. 머리카락을 휘날리며 도로 위를 달리는 아이들을 바라보니 가슴이 뻥 뚫리는 것 같았다. 마치 거대한 무엇인가, 그러니까 자연, 우주, 혹은 아주 오랜 시간의 흐름으로 들어간 듯한 느낌이었다. 우리는 숙소로 돌아가서 짐을 챙겨 나와 숙소 앞 테이블에서 붉은 바위를 보며 이른 점심을 먹었다. 차에 올라타자, 거짓말처럼 비가 내리기 시작했다.

포레스트 검프 길

5장

자연이 만든 기묘한 후두 숲, 브라이스 캐니언

① 또다시 일출, 선라이즈 포인트
② 눈길 산책, 퀸스 가든

유타주 남서쪽의 브라이스 캐니언은 1928년에 국립공원으로 지정되었다. 브라이스 캐니언은 웅장한 협곡이라기보다는, 후두라고 불리는 길쭉한 기둥 모양의 암석이 가득한 땅이다. 수십 미터 높이의 기둥들이 숲을 이루며 솟아오른 풍경은 그 자체로 경이롭다. 하지만 이 아름다운 땅은 해발 2,400~2,700m의 높은 고도와 건조한 대륙성 기후로 인해 가뭄이 잦고, 짧은 소나기가 쏟아지는 변덕스러운 날씨를 가지고 있다.

1880년경, 모르몬 교도인 에버니저 브라이스는 이 지역에 정착하여 생활했다. 그는 브라이스 캐니언 근처에서 지내며 협곡을 "말을 잃어버리기 쉬운 곳"이라고 불렀다고 전해진다. 에버니저 브라이스는 추운 겨울에 가족이 따뜻하게 지낼 수 있게 땔감을 옮기는 길을 만들었고, 가뭄을 이겨내기 위해 수로를 건설하며 정착을 시도했다. 이후 사람들은 그곳을 '브라이스 캐니언'이라고 불렀다고 한다.

※꼭 알아야 할 팁

1. 레인저 프로그램 참석하기

　　브라이스 캐니언 국립공원은 다양한 레인저 프로그램을 운영한다. 겨울을 제외한 봄부터 가을까지는 매일 선셋 포인트에서 지질에 관한 레인저 강의가 진행된다. 가장 인기 있는 프로그램은 매달 보름달이 뜨는 밤에 열리는 '풀 문(Full Moon) 하이킹'이다. 참여를 원한다면 방문자 센터에서 추첨을 신청하자.

2. 겨울에 방문 시 보온용품 챙기기

브라이스 캐니언은 겨울철에 영하 20도까지 기온이 떨어지기도 한다. 핫팩 등 보온용품을 잘 챙겨서 가는 것이 좋다.

3. 트레킹할 때 체력 분배하기

브라이스 캐니언에서는 고원 위에서 '후두'라 불리는 기묘한 기암괴석들을 내려다보다가, 트레일을 따라 암석 사이를 직접 걸어 내려가는 특별한 트레킹을 할 수 있다. 위에서 아래로 내려가는 트레일 구조라서 내려갈 땐 쉬운데, 올라올 땐 체력이 많이 소모되니 체력 분배를 잘하자.

4. 별 관찰하기

브라이스 캐니언은 고도가 높고 공기가 깨끗해서 별 구경을 하기 좋다. 매해 6월에 천문 축제(Astronomy Festival)가 열린다. 정확한 날짜는 미국 국립공원관리청(NPS)을 통해 확인하자.

5. 일출 보기

선라이즈 포인트(Sunrise Point)가 가장 유명한 일출 장소지만, 브라이스 포인트(Bryce Point)도 추천할 만한 장소다. 브라이스 포인트는 공원에서 가장 동쪽에 있고, 고도가 높아 시야가 트여 있기 때문이다. 단, 겨울철에 눈이나 얼음이 쌓이면 차량 진입이 어려워서서 공원 관리 당국이 안전을 위해 해당 구간을 일시적으로 폐쇄할 수 있다.

또다시 일출,
선라이즈 포인트

☆☆☆☆☆

브라이스 캐니언*(Bryce Canyon)*에 가까워지니 온 세상이 눈밭이었다. 모뉴먼트 밸리에서 경험했던 묘한 시간 감각과 공간 감각은 눈 오는 날의 설렘으로 바뀌었다.

우리는 브라이스 캐니언 국립공원 입구에 자리한 루비스 인*(Rubys Inn)*에서 묵었다. 100년이 넘는 역사를 지닌 건물답게 곳곳에서 세월의 흔적이 느껴졌다. 유지 보수를 했다고는 하지만, 걸을 때마다 목재 건물 특유의 삐걱거리는 소리가 났다. 루비스 인은 1916년 루비 크리스턴슨 부부가 브라이스 캐니언에 정착하면서 작은 여관으로 시작한 곳이다. 이후 브라이스 캐니언이 국립공원으로 지정되면서 리조트 규모로 확장됐다. 브라이스 캐니언의 역사와 함께한 유서 깊은 곳인 만큼, 자체 팸플릿을 제작할 정도로 자부심이 있었다. 성수기에는 비싼 건 물론이고 예약조차 힘든 숙소지만 비수기에 방문한 덕분에 150달러도 안 되는 가격에 묵을 수 있었다.

루비스 인

　브라이스 캐니언은 공기가 맑고, 동쪽이 탁 트여 있어서 날씨만 좋으면 확률 100%로 멋진 일출을 볼 수 있다. 여기서 보는 일출은 여행자들 사이에서 '마법에 걸린 듯한 아침'이라 불릴 만큼 황홀하다고 한다. 일출을 보자는 나에게 야행성 남편은 어제도 일출을 보지 않았냐며 투덜거렸다.
　"어제는 해가 구름에 가렸잖아."
　결국 아이들까지 깨워서 다 함께 선라이즈 포인트(Sunrise Point)로 나섰다. 도로는 제설 작업이 한창이었다. 선라이즈 포인트도 눈으로 뒤덮여 있었다. 브라이스 캐니언은 정말 추웠다. 찬 공기를 마시자, 코끝이 찡해지면서 눈물이 찔끔 나왔다. 추워하는 아이를 패딩으로 감쌌다.

연회색 구름이 캐니언 위에 나지막하게 흩어져 있었다. 구름을 통과한 햇빛이 눈 덮인 후두*(hoodoos)*를 분홍빛으로 물들였다. 첫 햇살이 후두에 비쳤다. 완벽한 태양이 산맥 사이로 떠올랐다. 태양이 높이 떠오르며 봉우리를 촛불 켜듯 하나씩 밝혔다. 우리는 추워서 이를 딱딱 부딪쳐 가며 눈이 아플

때까지 해를 바라봤다. 이 멋진 풍경을 보고는 아이들의 짜증이 쏙 들어갔을 거로 생각했다. 하지만 딸은 이런 일기를 남겼다.
"오늘도 엄마한테 끌려가서 해 뜨는 걸 봐야했다. 추워 죽는 줄 알았다."

선라이즈 포인트

눈길 산책,
퀸스 가든

★★★☆☆

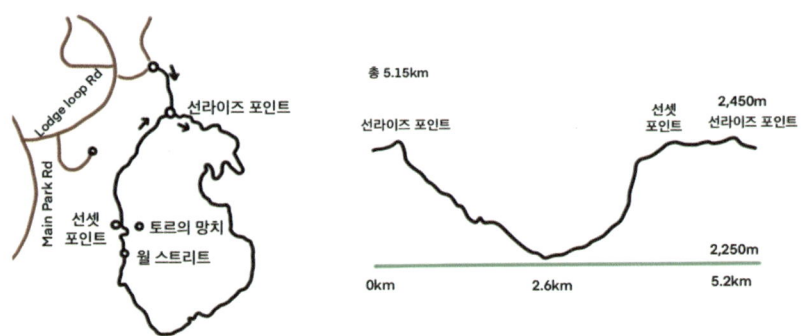

　숙소로 돌아와 아침 식사를 마치고 짐을 꾸린 우리는 다시 선라이즈 포인트로 향했다. 선라이즈 포인트가 우리가 트레킹하려는 퀸스 가든(Queens Garden) 트레일의 시작점이기 때문이었다. 퀸스 가든이라는 이름의 유래는 여러 가지 설이 있다. 선셋 포인트 근처의 후두 하나가 런던의 빅토리아 여왕 동상을 닮아서 그런 이름이 붙었다는 설도 있고, 여왕의 정원처럼 다채로운 후두들이 모여 있어서라는 설도 있다. 어느 쪽이든, 브라이스 캐니언의 아름다움을 표현하기에 부족함이 없는 이름이다.

여름에는 퀸스 가든에서 이어져 있는 나바호 루프(Navajo Loop)까지 트레킹을 즐길 수 있지만, 겨울에는 경사가 가파른 나바호 루프 트레일은 폐쇄된다. 그래서 왕복 3.2km 거리의 퀸스 가든 트레일만 걷기로 했다.

브라이스 캐니언은 고도가 높아서인지 정말 추웠다. 옷을 여미고 목도리를 하고 모자를 썼는데도 추위가 가시지 않았다. 브라이스 캐니언에서만 볼 수 있는 후두도 눈으로 덮여 있어서 기대했던 울퉁불퉁하고 건조한 사막의 모습이 아니었다.

뾰족하게 솟아오른 주황색 암석 기둥인 후두는 사진으로 많이 봤으니까 그걸로 여름에도 여행한 셈 치기로 했다. 옛날 영국 귀족들은 여행은 하인들에게 시키고 하인들이 가지고 온 그림과 이야기를 바탕으로 책을 썼다고 한다. 옛 영국 귀족의 여행법으로 따지면 이미 여름 여행을 한 거나 다름없었다.

퀸스 가든 트레일 초입

토르의 망치

퀸스 가든

　우리는 눈 비탈을 조심조심 내려갔다. 아이들은 나중을 생각하지 않고 눈만 보면 몸을 던졌다. 그 바람에 바지, 양말, 부츠, 장갑이 몽땅 젖어버렸다. 요세미티에서도 실컷 눈에서 놀았고, 그랜드 캐니언에서도 눈 구경을 실컷 했는데 여전히 눈만 보면 깡충거렸다. 아이들은 쫓고, 도망가고, 미끄러지고, 고드름을 따 먹고, 눈이 쌓인 나무를 털어 눈을 뒤집어쓰며 깔깔 웃었다. 놀이에 흠뻑 취한 아이들은 반짝거린다. 나중을 생각하지 않고 노는 아이들을 보는 건 알 수 없는 감격이 있었다. 그런 아이들을 보며 트레킹은 우리 가족에게 어울리는 여행 방법이라는 걸 알게 됐다.

　한참을 걸었는데도 몸이 데워지기는커녕 점점 더 추워졌다. 가방에서 손수건을 꺼내 목도리 안으로 한 겹 더 두르고 패딩 안에 경량 패딩까지 껴

입어도 추웠다. 트레일의 마지막 지점이었던 월 스트리트(Wall Street)를 지났을 때부터 딸은 말수가 줄어들더니, 북유럽 신화에서 천둥의 신인 토르가 늘 가지고 다니는 망치인 묠니르를 닮아 토르의 망치(Thor's Hammer)라 불리는 후두 부근의 오르막을 오를 즈음에는 완전히 지쳐버렸다.

"언제쯤 도착해?"

몇 번이나 묻더니, 기둥처럼 솟아있는 바위에 기대어 와락 울음을 터뜨렸다. 지친 딸을 위해 남편이 선라이즈 포인트에 주차해 둔 차를 선셋 포인트로 가져오기로 했다.

형제는 참 신기하다. 매일 다투는 것 같은데 어떤 순간에는 부모보다 형제를 더 의지한다. 내가 달래도 별 소용이 없었는데 오빠가 조곤조곤 달래니 딸은 오빠 손을 잡고 다시 걸었다. 우여곡절 끝에 선셋 포인트에 도착하니 남편이 입구에서 기다리고 있었다. 딸은 마치 아빠를 오늘 처음 만난 것처럼 달려가 안겼다.

차에서 마른 옷으로 갈아입은 아이들과 따끈한 핫초코를 마셨다. 핫초코를 마시고 몸이 따뜻해진 아이들은 금세 곯아떨어졌.

자이언 캐니언을 거쳐 라스베이거스로 가기로 했다. 브라이스 캐니언에서 내려가니 눈이 쌓인 뾰족한 후두가 늘어선 풍경은 붉은 협곡이 있는 풍경으로 바뀌었다. 굽이굽이 이어지는 길을 따라 내려갈수록 암벽들은 더 붉고 웅장해졌다. 날이 흐려지더니 비가 추적추적 내렸다.

자이언 캐니언 부근

자이언 캐니언에서 겨울에 트레킹할 수 있는 곳은 캐니언 오버룩*(Canyon Overlook)* 뿐이었다. 암벽들은 짙은 안개 속에 덮여있었다. 추적추적 내리는 비에도 불구하고 남편과 아들은 오버룩으로 갔다. 나는 잠에서 깰 줄 모르는 딸과 차에 머물렀다. 비는 서서히 잦아들었다.

"엄마! 안개가 자욱해서 아무것도 안 보였는데, 누군가 절벽 아래로 돌멩이를 떨어뜨렸거든. 한참이 지나서야 바닥에 부딪히는 소리가 나는 거야! 진짜 높은 곳이었나 봐!"

아들은 우리를 보자마자 조잘거렸다.

브라이스 캐니언에서 라스베이거스로 돌아가는 길목에 들렀던 거라 자이언 국립공원에서 머문 시간은 정말 짧았다. 자이언 캐니언에 또 올 수 있을지 기약할 수 없었기 때문에 주니어 레인저 배지를 받으러 방문자 센터에 들렀다. 나는 방문자 센터 앞에서 안개 낀 풍경을 바라보며 언젠가 자이언 국립공원에 다시 올 거라고 다짐했다.

겨울 여행은 여름 여행보다 갑절은 힘든 여정일지도 모른다. 추위에 단단히 대비해야 하고, 아이젠, 타이어체인, 보온용품 등 챙겨야 할 짐도 많다. 해가 짧아 금세 어두워지기 때문에 가로등 하나 없는 캄캄한 길을 운전해야 할 때도 있다. 국립공원 안에서도 폐쇄된 트레일과 도로가 많다. 크리스마스나 새해 첫날처럼 특별한 날에는 국립공원 내의 방문자 센터나 식당, 마트가 문을 닫기도 한다. 추위 때문에 야외 활동에 제약이 있고, 도로가 얼어붙어 운전이 위험할 때도 있다.

하지만 겨울 여행에는 그 나름의 특별한 매력이 있다. 무엇보다 사람이 적어 고즈넉한 분위기를 즐길 수 있다. 복잡한 인파에 시달리지 않아도 되고, 조용하고 평화로운 분위기 속에서 자연을 만끽할 수 있다. 겨울에는 숙박과 항공권 가격이 저렴한 경우가 많아, 경제적인 부담도 적다.

  불쑥 떠난 겨울 여행은 한 해의 끝과 시작을 자연 속에서, 가족과 함께 보냈던 특별한 시간으로 남았다. 압도적인 풍경 아래서 아이들은 신나게 뛰어놀았고, 우리 부부도 오랜만에 마음껏 웃었다. 그 순간들은 모두에게 두고두고 꺼내볼 소중한 추억이 되었다.

2부

여름, 트레킹과 한 걸음 더 가까워지다

	여행지	Landscape arch
1일차	필라델피아 → 솔트레이크시티	
	솔트레이크시티 → 그랜드 티턴	472 km (5시간)
2일차	그랜드 티턴	제니 레이크
		Hidden falls
		인스퍼레이션 포인트
		Schwabacher landing
3일차		스네이크강 오버룩
		시그널 마운틴
		델타 레이크 트레일
	그랜드 티턴 → 옐로스톤	132 km (2시간)
4일차	옐로스톤	West thumb geyser basin
		Old Faithful
		Grand prismatic spring
		Fairy falls trail (40 min)
5일차		Old Faithful
		Norris Geyser Basin
		Mommoth Hot Springs
6일차		Grand Canyon of the Yellowstone
		Lamar Valley
7일차	옐로스톤 → 글레이셔	789 km (9시간 30분)
	글레이셔	Two Medicine
8일차		Going-To-The-Sun Road
		Hidden Lake trail
9일차		Going-To-The-Sun Road
		Grinell glacier trail
10일차	글레이셔 → 솔트레이크시티	1027 km (10시간)
11일차	솔트레이크시티 → 자이언	500 km (4시간 30분)
	자이언	Watchman trail
12일차		Angel's landing
		The Narrows
		Canyon Overlook trail
13일차	자이언 → 모압	550 km (5시간 10분)
	아치스	The Windows
		Fiery Furnace loop tour
14일차		Double arch
		Landscape arch
		Delicate arch (sunset)
	캐니언 랜드	Mesa Arch (sunrise)
15일차		Green River Overlook
		Grand view point Overlook
	모압 → 솔트레이크시티	385 km (4시간)
16일차	솔트레이크시티	Temple square
		보네빌 소금 평원 (왕복 3시간 소요)
17일차	솔트레이크시티 → 필라델피아	

빙하에서
사막까지

미국 생활을 시작한 지 어느덧 1년이 지나자, 아이들은 미국에서의 일상에 조금씩 자리를 잡아갔다. 아이들은 학교생활과 함께 오케스트라 활동과 방과 후 야구와 축구로 바쁘게 시간을 보냈다. 나는 '올 트레일' 앱으로 집 주변의 새로운 트레일을 찾아 친해진 이웃과 함께 걷는 취미가 생겼다.

아이들이 다니던 학교는 6월 초에 방학을 시작해서 9월 초가 되면 새 학년을 시작했다. 서머 캠프는 보통 연말부터 신청을 받는다. 저학년 대상이 아닌, 우리 아이들 또래가 참여할 수 있는 캠프는 비용이 만만찮았다.

"서머 캠프 갈 비용으로 여행하는 거 어때?"

2년으로 예정되었던 미국살이는 이런저런 이유로 1년 반으로 단축됐다. 끝이 정해진 미국살이는 마치 긴 여행 같아서 항상 허공에 붕 떠 있는 느낌이었다. 시간이 한정되어 있으니 할 수 있을 때 여행을 떠나야 한다고 마음먹었다. 여행은 단순히 일상에서 벗어나는 것이 아니라, 이 짧은 시간을 더 의미 있게 보내는 방법처럼 느껴졌다.

처음에는 10일 동안 그랜드 티턴, 옐로스톤, 글레이셔 국립공원 세 곳만

갈 예정이었다. 지난겨울 여행의 경험 때문이었다. 집을 떠난 지 사흘째부터는 날짜 감각이 사라졌고, 팔 일이 지나자 너무 고단해서 집에 돌아가고 싶은 마음뿐이었기 때문이다. 하지만 자이언 국립공원은 꼭 다시 가보고 싶었던 곳이었고, 아치스 국립공원은 아들이 손꼽아 가고 싶어 하는 국립공원 중 하나였기 때문에 포기할 수 없었다.

"그냥 한 번에 다 가버리자!"

긴 여름 방학이 끝날 무렵, 아이들이 제발 가족 말고 다른 사람을 보고 싶고 집이 지겨워 죽겠다고 울부짖을 무렵 우리 가족은 솔트레이크시티행 비행기를 탔다.

6장

야생 동물이 노니는 대자연, 그랜드 티턴

① 간식을 가져가지 마세요, 히든 폭포와 인스퍼레이션 포인트
② 티턴 봉우리를 품고 태평양으로 흐르다, 슈바바처 랜딩 트레일
③ 흑곰을 만나다, 델타 트레일

1929년에 국립공원으로 지정된 그랜드 티턴은 하마터면 옐로스톤의 배후 관광도시가 될 뻔했다. 그랜드 티턴이 국립공원으로 지정된 데에는 석유왕 록펠러의 아들인 존 D. 록펠러 2세의 지대한 공헌이 있었다. 그는 잭슨홀 지역의 땅을 매입하여 국립공원에 기증해 그랜드 티턴 국립공원의 면적을 넓히는 데 중요한 역할을 했다.

그랜드 티턴은 옐로스톤의 유명세에 가려있지만, 막상 방문하면 넉넉하게 일정을 잡는 게 좋았을 거라는 생각이 들 만큼 아름답다. 로키산맥의 티턴 봉우리는 와이오밍주에서 가장 높은 봉우리이다. 산마다 빙하를 품고 있고, 빙하가 녹아 흐르면서 형성된 강과 호수는 절경을 이룬다. 매년 8월 주요국 중앙은행 총재 및 경제전문가들의 경제정책 심포지엄인 잭슨홀 미팅이 열리는 곳이 바로 그랜드 티턴 아래에 자리한 작은 도시, 잭슨홀이다. 역시 일도 경치가 좋은 곳에서 해야 제맛인 걸까.

※ 꼭 알아야 할 팁

1. 곰 스프레이 구매하기

    그랜드 티턴 국립공원에는 흑곰, 회색곰, 엘크 등 대형 야생 동물이 많다. 그러므로 안전을 위해 곰 스프레이를 구매하자. 공원 아래 잭슨홀에 가면 마트에서 곰 스프레이를 살 수 있다.

2. 승마 체험하기

    그랜드 티턴은 승마 체험을 하기 좋은 곳이다. 그랜드 티턴 로지 컴퍼니에서 제공하는 승마 체험이 저렴한 편이다. 온라인 예약 서비스를 제공하지 않고 전화 예약만 가능하다.

3. 제니 레이크 셔틀보트
　제니 레이크 셔틀보트는 제니 레이크 방문자 센터에서 웨스트 쇼어 선착장까지 운행한다.
　보트를 타고 하선 후 도보로 약 800m만 걸으면 히든 폭포에 도착한다.

4. 카약, 카누 대여하기
　그랜드 티턴에서 카누나 카약 타기 체험도 할 수 있다. 제니 호수 보트, 그랜드 티턴 로지 컴퍼니, 시그널 마운틴 로지에서 카누나 카약을 빌릴 수 있다. 온라인이나 전화로는 예약이 불가능하며 방문 대여만 가능하다.
　★위 예약 정보는 현재 기준이며, 향후 예약 방법이 변경될 수 있다.
　★카약, 카누 업체 전화번호 및 홈페이지
　제니 호수 보트: 307.734.9227, jennylakeboating.com
　그랜드 티턴 로지 컴퍼니: 307.543.3100, gtlc.com
　시그널 마운틴 로지: 307.543.2831, signalmtnlodge.com

간식을 가져가지 마세요,
히든 폭포와 인스퍼레이션 포인트

★★☆☆☆

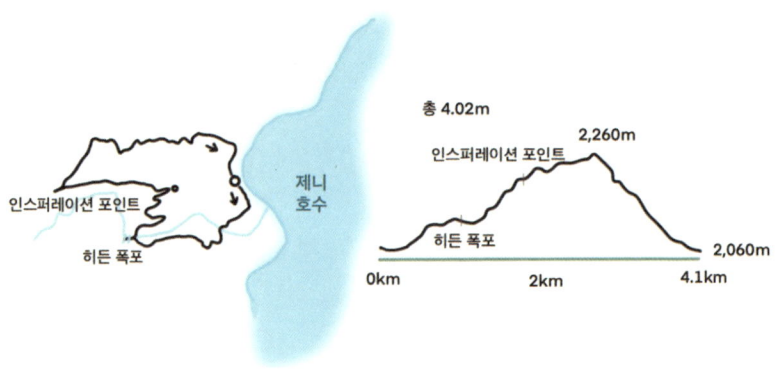

　필라델피아는 동부 표준시(EST UTC-5)를, 솔트레이크시티는 산악 표준시(MST UTC-7)를 따르기 때문에 두 도시 사이에는 2시간 차이가 있다. 필라델피아가 솔트레이크시티보다 동쪽에 있기 때문에 2시간 앞선다. 우리 가족은 필라델피아에서 저녁 6시 반 비행기를 타고 필라델피아 시간으로 11시 반에 솔트레이크시티에 도착했다. 딸은 11시 반을 가리키는 손목시계를 산악 표준시인 9시 반으로 조정했다.

　아침에 일어났을 때도 몸은 여전히 동부 시간에 머물러 있었다. 평소라면 오전 9시에 겨우 눈을 뜨는 남편도, 늦잠을 즐기던 아이들도 아침 7시부터 부스럭거렸다. 마치 두 시간을 선물 받은 듯했다.

우리는 아이다호주에서 와이오밍주로 넘나드는 길을 따라 서쪽으로 달렸다. 끝없이 펼쳐진 황무지에는 소가 무심하게 풀을 뜯고 있었다. 미국의 도로에서 흔히 볼 수 있는 야생 동물 주의 표지판에는 사슴이 그려져 있다. 그랜드 티턴의 표지판에는 엘크가 그려져 있었다. 그랜드 티턴에서는 사슴보다 엘크가 더 흔하기 때문이다. 실제로 잭슨 엘크 보호구(Jackson Elk Refuge)는 겨울철에 수천 마리의 엘크가 모이는 곳이라고 한다.

솔트레이크시티에서 89번 고속도로를 따라 그랜드 티턴으로 가다 보면 89번 고속도로와 포레스트 로드 10138이 만나는 알파인이라는 도시를 지나게 된다. 도시 입구에는 엘크 뿔로 만든 기둥이 세워져 있었다. 엘크는 매년 뿔 갈이를 하는데 과거부터 지역 주민들은 떨어진 엘크 뿔을 모아 마을 입구에 쌓아두는 풍습이 있었고, 그 풍습은 현재 엘크 뿔기둥으로 이어지고 있다.

그랜드 티턴 근처 소도시, 알파인

　어느덧 점심시간이 훌쩍 지났다. 뱃속은 진작에 꼬르륵 난리가 났다. 나는 경로를 벗어나지 않으면서 평점도 높은 식당을 서둘러 검색했다. 그렇게 찾은 곳은 '양키 카페'라는 햄버거 가게였다.
　아이들은 키즈 메뉴로, 우리는 햄버거를 주문했다. 이런 로컬 식당의 햄버거는 대체로 후회가 없다. 나랑 남편은 10달러짜리 기본 햄버거와 제일 비싼 15불짜리 양키 버거를 시켜서 나눠 먹었다. 뜨거운 패티 위로 흘러내린 치즈, 양파, 피클, 양상추가 들어간 햄버거는 손에 꼽을 만큼 맛있었다. 걷는 것도 좋지만 맛있는 음식을 먹는 것도 여행의 즐거움이다. 그렇게 푸짐하게 먹어두길 잘했다. 그랜드 티턴에서 트레킹하는 내내 도시락만 먹었기 때문이다.

양키 버거

    차로 부지런히 달려 오후 4시 반에 제니 호수에 도착했다. 겨울에는 5시만 되어도 캄캄해져서 하루가 짧게 느껴졌는데 여름에는 활동할 수 있는 시간이 길어서 활동하기 한결 편했다.

    한 바퀴 도는데 약 11.6km 거리인 제니 레이크 트레일(Jenny Lake Trail)을 걸어 히든 폭포(Hidden Falls)와 인스퍼레이션 포인트(Inspiration Point)에 갈 수 있지만 우리는 보트를 탔다. 얼마 지나지 않아 서쪽 선착장에 도착했다.

    "사람이 먹는 음식이 배낭에 있다면 버리고 가세요. 특히 스니커즈는 곰이 좋아하니 절대 가지고 가지 마세요."

    선장의 말에 우리는 배낭 속 초코 과자를 얼른 먹어 치웠다.

    보트에서 내린 곳부터 히든 폭포와 인스퍼레이션 포인트는 왕복 1시간 정도 걸리는 짧은 길이다. 울창한 나무들 덕에 그늘진 숲은 시원했다. 산바람에 흔들리는 나뭇잎 사이로 햇빛이 일렁였다. 히든 폭포는 높이가 30m 정도 되는 아담한 폭포였다. 침엽수가 빽빽한 깊은 숲속에 있어서 물이 쏟아지는 소리가 아니었다면 폭포가 있는지 찾을 수 없을 것 같다. 공기 중에 맴돌던 물방울들이 시원하게 얼굴을 스쳤다. 폭포 아래는 물도 얕았고 바위도 미끄럽지 않았다. 아이들은 바위 위를 염소처럼 신나게 뛰어다녔다.

히든 폭포 인스퍼레이션 포인트

　인스퍼레이션 포인트는 제니 호수와 주변 산들을 한눈에 조망할 수 있는 곳이었다. 발아래로 펼쳐진 제니 호수는 주변을 둘러싼 울창한 숲과 웅장한 티턴 산맥을 거울처럼 담고 있었다. 맞은편에 보이는 티턴 산맥의 봉우리는 만년설로 녹지 않은 눈으로 덮여 있었다.

"제니 호수에 서서 티톤 산맥 정상을 향해 케스케이드 캐니언을 바라본 적이 있다면, 신이 영원히 보호하도록 설계한 신성한 장소에 있는 기쁨을 알게 될 것입니다."

_호레이스 올브라이트

그러니 걷고, 호흡하자. 차 밖으로 나가 몸을 움직여 차가 닿을 수 없는 곳까지 걷자. 복잡한 도시의 소음과 스트레스에서 잠시나마 벗어나 국립공원이 간직한 자연을 누리자.

티턴 봉우리를 품고 태평양으로 흐르다, 슈바바처 랜딩 트레일

★☆☆☆☆

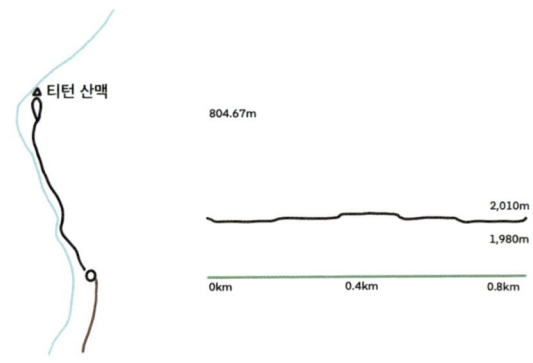

잭슨홀에서 191번 국도를 따라 달리다가 슈바바처 랜딩 로드로 접어들면 스네이크 강에 티턴 봉우리가 반사되는 아름다운 풍경을 만날 수 있다. 주차장에 내리니 쭉 뻗은 버드나무와 소나무, 미루나무, 이름 모를 풀들과 한적한 풍경이 눈에 들어왔다. 스네이크 강변을 따라 조성된 트레일 어디에서도 만년설이 쌓여있는 티턴 봉우리를 감상할 수 있었다. 물살이 흔들릴 때마다 하늘과 티턴 봉우리도 흔들렸다. 이름 모를 야생화가 피어있는 길을 따라 걷다가 구불구불 흐르는 스네이크강을 내려 볼 수 있는 곳에 다다랐다.

스네이크강은 강 유역에 살던 쇼쇼니족 인디언들이 뱀을 뜻하는 단어로 부르던 'Po-hono' 또는 'Pah-hah-nah'에서 유래했다는 설과, 뱀처럼 구불구불하게 흐르는 강의 모습에서 유래했다는 설이 있다. 정말 강줄기는 마치 뱀처럼 대지를 구불구불 흐르고 있었다.

"스테이크 강은 옐로스톤 국립공원에서 발원해서 와이오밍, 아이다호, 오리건, 워싱턴을 지나 컬럼비아강으로 합류한 다음 태평양으로 흘러간대."

"그럼 우리나라까지 흘러오는 거야?"

스네이크강 유역에서는 물고기와 물새를 노리며 하늘을 선회하는 대머리독수리를 볼 수 있다고 한다. 한때 멸종 위기에 내몰렸던 대머리독수리는, 1972년 DDT 살충제 사용이 금지된 뒤로 미국 전역에서 점차 개체 수를 회복하고 있다. 비록 슈바바처 랜딩에서 대머리독수리를 보지 못했지만 여행길 어딘가에서는 꼭 볼 수 있기를 바랐다.

티턴 봉우리

티턴 봉우리와 스네이크강

흑곰을 만나다, 델타 트레일

★★★★☆

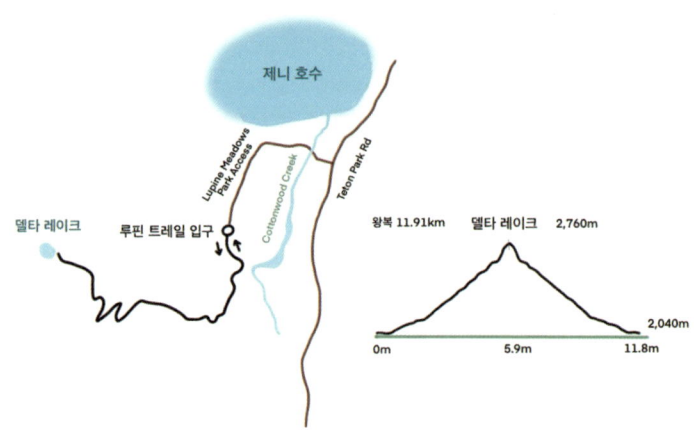

델타 트레일(Delta trail)은 루핀 트레일 입구에서 시작된다. 티턴 파크 로드(Teton Park Road)를 따라 제니 호수 방문자 센터에 가면 루핀 트레일 입구를 쉽게 찾을 수 있다. 우리는 오후 2시에야 트레일 입구에 도착했는데, 다른 사람들은 이미 트레킹을 마친 후, 사용했던 루프를 정리하고, 먼지와 땀으로 찌든 옷을 깨끗한 옷으로 갈아입고 있었다. 등산을 마친 사람들을 보니 오후에 등반을 시작하는 것이 초조해졌다.

델타 트레일은 왕복 약 11.4km의 꽤 긴 트레일이다. 델타 트레일은 엠피시어터 트레일과 경로를 함께하다가, 중간 지점에서 두 갈래로 나뉜다. 엠피시어터 트레일은 빙하 호수를 두 개 지나는 코스로 델타 트레일보다 길이가 길다. 엠피시어터 트레일은 다시 가넷 트레일로 가는 길로 다시 나뉜다. 가넷 트레일은 루프가 있어야만 오를 수 있는 험한 길이다. 주차장에서 봤던 루프를 정리하던 젊은이들은 가넷 트레일을 오른 것이었다. 세 가지 트레일의 시작 지점인 루파인 미도우즈는 이름처럼 루핀꽃(Lupine)이 아름다운 곳이다. 루핀꽃은 5월 말에서 7월 초에 만발한다고 한다.

8월에는 역시 루핀꽃을 볼 수 없었다. 루핀꽃이 피어있었다면 좋았을 텐데. 나무만 이어지는 숲길은 단조롭고 지루했다. 뜨거운 땡볕에 지쳐 말수도 점점 줄어들었다. 딸은 급기야 언제까지 걸어야 하냐고 짜증을 냈다. 드디어 평지였던 길이 점점 가팔라졌다. 가장 지겨운 1/3을 드디어 지나온 것이었다.

산 중턱을 넘어서자, 돌과 흙이 섞인 거친 길이 이어졌다. 경사가 높아 지그재그로 만든 길을 오르다 보니 약이 올랐다. 걸어도 걸어도 제자리를 걷는 것 같았다. 게다가 운동화는 어찌나 미끄러운지. 힘을 주며 걷다 보니 무릎이 아팠다. 주차장에서 봤던 사람들이 운동화가 아닌 등산화를 신고 있었던 건 등산화가 꼭 필요해서였다. 납작한 타원형으로 보이던 제니 호수는 고도가 높아질수록 형체를 찾아갔다.

제니 레이크

"이제 정상에 거의 다 온 거지?"

"이제 절반 왔어."

아직도 절반밖에 못 왔다니! 등줄기는 땀으로 다 젖었고 모자챙은 땀에 절어 하얗게 소금기가 맺혔건만.

"헬로!"

산에서 내려가던 사람이 경쾌하게 인사를 건넸다. 그 사람의 경쾌함은 델타 트레일이 힘들게 오를 가치가 있는 곳이라고 말하는 것 같았다. 한참을 더 걸었지만, 정상은 코빼기도 보이지 않았다. 급기야 사방이 바위여서 어디가 길인지 알 수는 길이 등장했다. 우리는 온 힘을 다해 바위를 붙잡고 엉금엉금 기어올랐다. 경사가 가파르다 보니, 몸을 낮추고 앞으로 나아갈 수밖에 없었다.

델타 트레일에는 곰이 많으니, 초콜릿이나 간식을 가져가지 말라고 했던 리뷰 때문에 겁을 먹어서 물 한 병만 달랑 가져왔다. 정상까지 가려면 당분이 필요했다. 온몸이 탄수화물을 원했다.

"엄마, 배고파? 사탕 먹을래?"

아들이 이렇게 멋져 보이다니! 아들이 사탕을 주지 않았다면 한참을 더 쉬어야 했을지도 모르겠다. 그때 바위산 위에서 내려오는 사람이 보였다. 이제 정상이 어디인지 감을 잡을 수 있었다.

"클라이밍이다!"

평지에서 지겹다고 짜증을 내던 딸은 신이 나서 다람쥐처럼 바위를 기어 올랐다.

고생 끝에 드디어 정상에 도착했다. 정상에는 비췻빛이면서도 탁한 색의 호수가 있었다. 빙하 호수만 낼 수 빛깔이었다. 나는 양말을 벗어 던지고 수고한 발을 담갔다. 아이들과 호숫물에 발 오래 담그기 시합을 했는데, 발이 깨질 것 같이 차가워서 10초도 버틸 수 없었다.

멀리 바위 위에는 커플 넷이 물속으로 뛰어들 준비를 하고 있었다.

하나, 둘. 풍덩. 물속으로 뛰어들더니 "으악!" 하고 비명을 지르며 물 밖으로 뛰쳐나왔다. 사실 그 커플들처럼 빙하 물에 뛰어드는 건 안전한 행동이 아니다. 빙하가 녹은 물속에 어떤 균이 있을지 모르기 때문이다. 나는 에너지와 해방감보다 안전제일을 택하는 성향이다. 발을 말리고 신발을 신었는데도 발가락은 한참 동안 시원했다. 지금도 발가락을 꼼지락거리면 차가웠던 델타 호수가 떠오른다.

델타 레이크 오르는 길

델타 레이크

오후 5시, 어느덧 해가 저물고 있었다. 울창한 나무 때문에 숲은 빠르게 어두워졌다. 쉬지 않고 한 굽이 또 한 굽이를 내려가는데 수풀에서 검은 형체가 보였다. 작은 흑곰이었다. 흑곰은 먹이를 찾느라 우리의 낌새를 알아차리지 못한 것 같았다. 나는 놀란 마음을 누르고 레인저에게 내가 마주친 동물이 정말 곰이 맞는지 물어보려고 사진을 찍었다. 우리는 곰의 눈에 띄지 않게 최대한 소리 없이, 더 분주히 걸었다.

하산 길에 만난 흑곰

한 굽이를 돌았을 때 엄마 사슴과 새끼 사슴과 맞닥뜨렸다. 사슴도 우리도 놀라 자리에서 얼어붙었다. 엄마 사슴은 우리를 공격할 듯 한 발짝 다가왔다. 우리가 한 발짝 뒤로 물러서자 엄마 사슴과 새끼 사슴은 수풀 속으로 들어갔다. 동물을 계속 만나는 건 좋은 신호가 아니었다. '내려가면 곰 스프레이부터 사야지.' 생각하며 산을 내달렸다.

드디어 '사람'을 만났다. 백인 가족 4명이었다. 가방마다 걸려 있는 곰 스프레이부터 눈에 들어왔다. 곰 스프레이는 '이제 안심해.'라고 말하는 듯했다. 그 가족은 우리에게 저길 보라며 가리켰다. 그곳에는 또 곰이 있었다. 덩치 큰 어미 곰과 그 곁에 바짝 붙은 새끼 곰. 새끼가 있는 곰은 언제든 난폭해질 수 있다고 들었기에, 우리는 숨을 죽인 채 조심스레 발걸음을 돌렸다. 그렇게 한참을 내려오다 보니 어느새 트레일 입구에 도착했다.

"휴, 살았다."

그제야 비로소 바위를 기어오르느라 얼마나 힘들었는지, 빙하 녹은 호숫물이 얼마나 차가웠는지, 곰과 사슴 때문에 얼마나 아찔했는지 웃으며 이야기할 수 있었다.

델타 트레일에 오르기 전까지는 아이들은 아직 어리고, 체력도 부족하니 내가 아이들을 100퍼센트 챙기고 있다고 생각했다. 그런데 아이들은 가파른 바위도 별말 없이 올랐고, 어느 순간부터 자기 짐은 스스로 들었다. 그제야 알았다. 아이들이 어느새 스스로를 돌보고, 엄마 아빠를 챙길 만큼 자랐다는 것을.

7장

지구의 숨결을 느낄 수 있는, 옐로스톤 국립공원

① 칼데라 위에서 걷다, 그랜트 빌리지와 웨스트 섬 간헐천 분지
② 온천의 색과 리듬, 그랜드 프리즈머틱 스프링과 올드 페이스풀
③ 유황 냄새를 맡으며 걷다, 노리스와 매머드 핫 스프링스
④ 야생 동물의 성지, 라마 밸리와 헤이든 밸리

옐로스톤 국립공원은 1872년 3월 1일 국립공원으로 지정된 미국 최초이자 세계 최초의 국립공원이다. 면적의 96%는 와이오밍주에, 나머지 4%는 몬태나주 남서부와 아이다호주 남동부까지 걸쳐있다. 이 공원은 북미 대륙에서 가장 큰 초화산인 옐로스톤 칼데라의 꼭대기에 위치해 있다. 활화산으로 간주되지만, 지난 200만 년 동안 3번만 분화했다. 하늘로 솟구치는 물기둥인 '가이셔', 부글거리는 온천과, 땅에서 뿜어져 나오는 수증기를 보면 자연의 신비를 만끽할 수 있다. 그 외에도 바이슨과 회색곰을 비롯한 수많은 야생 동물들을 관찰하는 재미도 있다.

국립공원 중 최대 크기를 자랑하는 옐로스톤은(8,900㎢로 충청남도보다도 넓다.) 출입구만 5곳이나 되고 방문자 센터도 8곳이나 있다. 옐로스톤에서 사람들의 방문이 많은 곳은 '그랜드 루프'라고 부르는 8자 순환도로로 이어져 있다.

※ 꼭 알아야 할 팁

1. 망원경 준비하기

   옐로스톤은 북미에서 야생 동물을 가장 쉽게 볼 수 있는 곳 중 하나다. 야생 동물에 가까이 다가가면 안 되므로 망원경을 준비하자.

2. 고산병 약 준비하기

   옐로스톤 국립공원은 평균 해발 고도가 약 2,400m으로 고산병 증상이 나타날 수 있다. 고산병을 대비하여 약을 가져오고, 증상이 있을 때는 고도가 낮은 곳으로 이동하여 충분히 쉬는 것이 좋다.

3. 미리 알면 좋은 주요 용어 정리

   ★가이셔(Geyser): 뜨거운 물과 수증기를 분출하는 온천
   대표적인 예: 올드 페이스풀(Old Faithful), 스팀보트 가이셔(Steamboat Geyser)

★스프링(Spring), 물이 끊임없이 흘러오지만 가이셔처럼 분출하지 않는 온천
대표적인 예: 그랜드 프리즈매틱 스프링 (Grand Prismatic Spring)
★풀(pool): 땅속에서 가열된 지하수가 분출하지 않고 고여있는 곳
★트래버틴 테라스(Travertine Terrace): 석회질 성분이 쌓여 계단 모양을 이룬 온천
대표적인 예: 맘모스 핫 스프링스(Mammoth Hot Springs)

4. 올드 페이스풀 로지에서 묵으려면 예약을 서두르기
yellowstonenationalparklodges.com을 방문하면 숙소 예약뿐 아니라 옐로스톤의 다양한 패키지 상품도 예약할 수 있다.
조용한 곳에서 올드 페이스풀을 감상하고 싶다면, 1마일 트레일(1-mile trail)을 따라 올라가 옵저베이션 포인트(Observation Point)에서 바라보는 것도 좋은 방법이다. 단, 경사가 가파른 길이고 그늘이 없으니 물을 충분히 가져가는 곳이 좋다.

옐로스톤 로지 예약

5. 그랜드 루프 로드
옐로스톤 국립공원의 도로망은 '그랜드 루프 로드(Grand Loop Road)'라고 불리며, 숫자 8 모양을 하고 있다. 8자 도로 아래인 남쪽 루프는 전체가 거대한 칼데라 분지라 거대한 분화구나 다름없다. 옐로스톤의 가장 유명한 간헐천인 올드 페이스풀, 그랜드 프리즈매틱 스프링, 웨스트 섬과 옐로스톤 호수가 남쪽 루프에 있는 주요 명소다.

칼데라 위에서 걷다, 그랜트 빌리지와 웨스트 섬 간헐천 분지

★☆☆☆☆

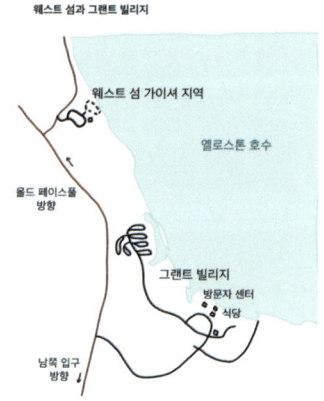

미국인들이 가고 싶은 국립공원 1위는 '옐로스톤 국립공원*(Yellowstone National Park)*'라고 한다. 우리 가족도 마찬가지였다. 4학년인 딸은 사회 시간에 미국 국립공원에 대해서만 한 달이 넘게 공부했다. 각자 국립공원을 하나씩 선택해서 공부한 후 파워포인트로 정리해 발표하는 수업이었다. 딸은 자기가 발표했던 알래스카의 글레이셔 베이를 가장 가보고 싶어 했고, 옐로스톤과 자이언 국립공원을 다음으로 꼽았다.

그랜드 티턴 국립공원의 북쪽 입구에서 옐로스톤 국립공원의 남쪽 입구까지는 불과 한 시간 반밖에 걸리지 않았다. 미국에서 국립공원 간 거리가 이렇게 짧은 경우는 드물었다.

우리는 먼저 옐로스톤의 남쪽 입구에 있는 그랜트 빌리지 방문자 센터에 들러 주니어 레인저 책을 받고, 그랜트 빌리지를 둘러봤다. 그랜트 빌리지(Grant Village)는 깨끗하고 넓은 호수가 있는 지역이었다. 호수 가장자리에서는 보글보글 기포가 피어올랐고, 연기가 피어나는 곳도 있었다. 마치 호수 전체가 살아 있는 듯한 느낌이었다.

그랜트 빌리지는 한산했다. 인파에 치이지 않아 좋았지만, 문제는 그늘 하나 없다는 거였다. 뜨거운 햇살 아래에서 아이들도, 나도 조금씩 지쳐갔다. 미국에서 1년을 살면서도 양산을 쓰는 사람은 한 번도 본 적이 없다. 심지어 갓난아기를 데리고 다니는 엄마들조차 우산을 쓰지 않았다. 그런 미국인들도 그랜트 빌리지의 햇빛은 견디기 힘들었던지 우산으로 해를 가리고 있었다.

옐로스톤 호수

부글부글 끓는 간헐천과 온천을 더 보고 싶어서 웨스트 섬(West Thumb)에도 들르기로 했다.

웨스트 섬 주차장에는 파크 레인저가 여우와 비버, 늑대 가죽을 전시해 두고 있었다. 우리는 늑대, 비버, 여우 가죽을 만지며 레인저의 설명을 들었다.

옐로스톤은 오래전부터 여우, 늑대, 비버, 바이슨, 엘크, 회색곰 등 수많은 야생 동물의 터전이었다고 한다. 18세기 말, 백인과 원주민 간의 전쟁이 계속되던 시기에 백인들은 혹독한 겨울을 견딜 방한용 가죽이 필요했다. 모피 사냥꾼들은 싸고 질 좋은 가죽을 찾아 옐로스톤으로 몰려들었다. 많은 야생 동물들이 무분별하게 희생되었다. 옐로스톤의 생태계는 빠르게 무너져 내렸다.

웨스트 섬 지역에는 커다란 구멍에서 김이 뿜어져 나오는 드레곤 마우스 스프링(Dragon Mouth Spring), 지표면까지 오븐처럼 뜨거운 쿠킹 힐사이드(Cooking Hillside), 부글부글 끓는 머드 가이셔(Mud Geyser) 등 수많은 간헐천과 온천이 있었다. 걷던 길에서 파크 레인저를 마주쳤다. 우리는 자연스레 설명을 들으며 레인저를 따라 걸었다.

"물이 부글거리지 않고 고여 있다고 해서 몸을 담그면 큰일 납니다. 얌전해 보여도 섭씨 100도에 육박하는 온천도 있고, 산성이나 염기성이 아주 강한 온천도 있습니다."

설명을 듣고도 난간을 넘어 온천으로 향하는 진흙 절벽에 매달렸던 어리석은 사람이 있었는데, 다행히 빠지기 전에 구조되었다고 한다. 레인저는 그런 바보짓은 하지 말라고 강조했다.

웨스트 섬 지역에는 땅속에서부터 열기가 뿜어져 나왔고 유황 냄새가 났다. 딸은 코를 틀어막고 빨리 여기를 떠나자고 성화였다. 그때 저 멀리서 회색 털에 덮인 큰 동물이 천천히 다가왔다. 바이슨이었다. 바이슨은 간헐천 근처까지 내려와 진흙 위에 털썩 몸을 눕혔다. 사람에게는 위험한 지열지대지만, 바이슨에게는 진드기나 해충을 털어내거나 관절의 통증을 덜어 주는 자연의 치료제일 수도 있다.

그랜트 빌리지의 블랙풀

웨스트 섬의 머드 볼케이노

온천의 색과 리듬,
그랜드 프리즈머틱 스프링과 올드 페이스풀

그랜드 프리즈머틱 스프링 ★☆☆☆☆
올드 페이스풀 ☆☆☆☆☆

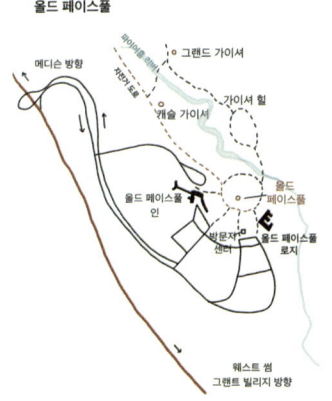

 올드 페이스풀 로지에 짐을 풀었더니 오후 4시였다. 그제야 햇반과 김, 고추참치를 꺼내 점심을 먹었다. 아침 7시 이후 처음으로 제대로 먹는 식사였다. 배를 채우니 비로소 기운이 돌기 시작했다.
 "나갈래?"
 아무래도 우리 가족은 가만히 있는 걸 못 참는 것 같았다. 기운이 돌자마자 다시 밖으로 나갈 생각을 하다니.

그랜드 프리즈머틱 스프링(Grand Prismatic Spring)은 폭이 113미터, 깊이가 37미터로, '그랜드'라는 이름에 걸맞는 큰 호수였다. 너무 큰 호수라서 그랜드 프리즈머틱 전망대로 올라가 스프링을 내려보지 않으면 전체를 조망할 수가 없었다.

저녁 5시가 넘었는데도 전망대로 가는 길은 사람들로 북적였다. 전망대로 향하는 길은 곧게 자란 침엽수 그늘이 드리워져 있고, 바람까지 불어 선선했다.

아들의 교과서에서 봤던 그랜드 프리즈매틱 스프링이 눈앞에 펼쳐졌다. 스프링의 중앙은 터키석처럼 파란빛이었고, 테두리에는 노란색, 오렌지색, 녹색, 갈색 등 다양한 색이 겹겹이 둘러싸여 있었다. 아름답고 평화스러운 풍경이었지만, 사실 그곳은 그다지 평화로운 곳이 아니었다. 중앙의 파란빛을 띤 부분의 온도는 90도를 넘어서, 박테리아도 생존할 수 없다. 박테리아가 없는 곳은 파란빛만 산란되기 때문에 파란색으로 보인다. 붉은색이나 녹색으로 보이는 곳은 온도에 따라 서식하는 박테리아의 종류가 달라서 서로 다른 색을 띠는 것이다.

전체 풍경을 조망했으니, 그랜드 프리즈매틱 스프링으로 내려갈 시간이었다. 스프링 옆으로는 나무 데크로 만들어진 길이 이어져 있어, 뜨거운 김이 피어오르는 간헐천과 온천을 가까이에서 볼 수 있었다. 트레일 초입에는 잔잔하게 물이 흐르는 테라스 지형이 펼쳐졌다. 끓기 직전의 뜨거운 온천수가 만드는 수증기 덕분에 온천 주변은 안개 낀 것처럼 보였다. 트레일을 걷다가 햇빛과 수증기의 각도가 맞아떨어지면, 하늘과 숲이 녹아든 물 위로 피어오른 수증기가 무지갯빛으로 물들었다.

트레일 초입의 테라스 지형

트레일에는 그랜드 프리즈매틱처럼 화려하지는 않지만, 각각 고유의 매력을 지닌 다른 온천들도 있었다. 그중 엑셀시어 가이셔 크레이터*(Excelsior Geyser Crater)*는 19세기 후반에 엄청나게 강력한 분출을 했던 간헐천이라고 한다. 그 폭발 때문에 주변 땅이 무너져서 지금은 거대한 분화구 모양의 온천이 되었다.

그랜드 프리즈매틱 스프링 가장자리에는 미네랄이 굳어 생긴 흰 결정들이 두껍게 층을 이루고 있었다. 수증기 너머로 에메랄드빛 물과 주황빛, 노란빛으로 번져가는 색 띠들이 모습을 드러냈다. 마치 지구 아닌 다른 행성에 발을 디딘 듯한 기분이 들었다.

옐로스톤의 미생물은 거의 끓는 온도에서, 극단적인 알칼리성 물 속이나, 옷에 구멍을 낼 만큼 산성도가 강한 물속에서 살아남아야 한다. 나사*(NASA)*와 록히드 마틴은 옐로스톤 국립공원의 미생물 연구에 연구비를 지원하고 있다고 한다. 극한 환경에서 살아가는 생명체들이 어떻게 진화했는지를 이해하는 것은, 다른 행성의 외계 생명체 연구에 중요한 힌트를 줄 수 있기 때문이다.

다음날 아침 9시, 이른 시간이었음에도 올드 페이스풀 관람석은 만원이었다. 아침부터 기운 넘치게 비보잉을 하는 사람이 틀어둔 제목 모를 노래를 들으며 한 손에 커피를 들고 분출을 기다렸다. 간헐천은 한참 동안 솟구칠 듯 말 듯 하더니 드디어 하늘 높이 치솟았다. 그것만으로도 아름다웠지만 물줄기에 햇빛이 분산되어 무지개가 피어오르는 건 더할 나위 없는 순간이었다.

주니어 레인저 북에는 물줄기가 얼마나 지속되었는지 측정한 후 다음 분출 시간을 예측해 보는 페이지가 있었다.

"엄마, 3분 6초 동안 분출했어. 그러니까 다음 분출은 94분 이후야."

물줄기가 3분 이내 지속되면 다음 분출은 60분 정도 후에, 3분이 넘으면 94분 정도 이후에 분출된다고 한다. 언제 분출할지 예측할 수 있기 때문에 올드 페이스풀에서 연결된 보드워크 트레일 주변의 다른 간헐천들을 둘러본 후, 시간에 맞춰 돌아와 다시 분출을 관람할 수 있었다.

보드워크 트레일에 있는 가이셔 중에서 그랜드 가이져(Grand Geyser)는 분출 간격이 7~15시간이라 올드 페이스풀보다 예측이 어려운 편이다. 하지만 운 좋게 시간을 맞춘다면 '그랜드'라는 이름처럼 높이 치솟는 분출을 관람할 수 있다고 한다. 남편은 아들과 다른 간헐천을 보러 1마일 트레일로 갔고, 유황 냄새에 지친 나와 딸은 방문자 센터 앞에서 진행되는 레인저 프로그램에 참석했다.

바이슨 가죽을 쓰고 있는 딸

올드 페이스풀

'올드 페이스풀 인$^{(inn)}$'도 들러볼 만한 곳이다. 올드 페이스풀 인은 1904년에 통나무로 지어진 숙소다. 지금도 일부분은 숙소로, 일부분은 식당으로 쓰이고 있었다. 올드 페이스풀 인에서는 방 안에서 올드 페이스풀이 분출하는 것을 볼 수 있다고 한다. 그러니 예약이 힘들뿐더러 가격도 어마어마하다. 올드 페이스풀 인의 계단을 오르면 돌과 나무로 지어진 내부를 더 자세히 볼 수 있다. 나무들을 가로 세로로 복잡하게 짜여 있었다. 계단을 밟을 때마다 나무가 삐걱거렸다. 마치 1903년 오픈했을 당시로 돌아간 느낌이 들었다. 건물 내 모퉁이에는 레스토랑이 있었다. 우리는 주머니 사정상 패스했지만, 백여 전으로 돌아간 느낌으로 식사를 즐기고 싶으면 거기서 식사하는 것도 좋을 것 같다.

매점에서 점심으로 샌드위치를 샀지만, 먹을 만한 자리를 찾지 못했다. 계단에도 사람들이 가득 앉아 있을 정도로 북적였다.

"여기 같이 앉아요."

여행 내내 보기 힘들었던 한국 사람을 마주쳤다. 이런저런 이야기를 나누다 보니 한국에서 같은 지역에 살고 있다는 것을 알게 됐다. 심지어 남편과 같은 직장을 다니는 사람이었다. 이런 엄청난 우연이. 세상은 너무나 넓기도 하고 한편으로는 너무나 좁기도 한 것 같다. 역시 착하게 살아야 한다.

올드 페이스풀 내부

유황 냄새를 맡으며 걷다, 노리스와 매머드 핫 스프링스

★☆☆☆☆

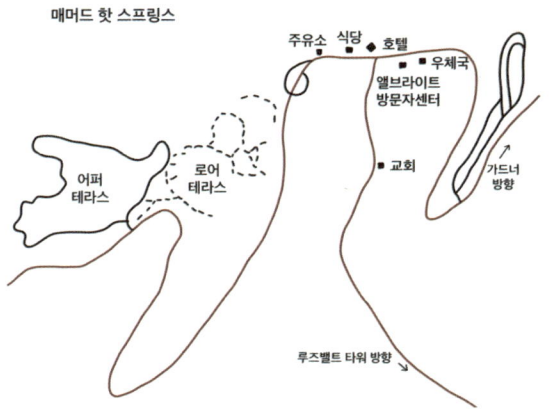

이십 대 중반, 중국에서 유학하던 시절에, 쓰촨성에 있는 주자이거우를 여행했던 적이 있다. 깊고 선명한 초록빛의 에메랄드 스프링(Emerald Spring), 온도에 따라 주황색, 갈색, 초록색으로 색이 나뉘는 온천을 따라 노리스 간헐천 지대(Norris Geyser Basin)를 걸으니 다채로운 색의 호수를 볼 수 있었던 주자이거우가 떠올랐다. 숲이 울창했던 주자이거우와 달리 노리스는 황량했고 구릿한 유황 냄새가 났지만, 물의 색은 그만큼 다채로웠다.

179

노리스

트레일을 걷다가 프로그램을 진행 중인 파크 레인저를 만났다. 레인저는 마침 우리가 가려던 스팀보트 간헐천*(Steamboat Geyser)*로 향하는 길이었다.

"스팀보트 간헐천은 세계에서 손꼽히게 큰 간헐천 중 하나에요. 하지만 분출 간격을 예상하기 어려워서 몇 년을 기다려야 할지 몇십 년을 기다려야 할지 예측할 수 없어요."

"분출하는 걸 본 적 있나요?"

누군가 질문했다.

"스팀보트 간헐천은 90m 높이로 분출되기 때문에 분출할 때 근처에 있는 건 위험한 일이에요. 어느 날이었어요. 아침까지는 평소처럼 간헐천이 잠잠했어요. 오후에 지금처럼 프로그램을 진행하고 스팀보트를 지나서 저 멀리까지 걸어갔어요. 그런데 갑자기 스팀보트 간헐천이 솟구쳤어요. 정말 큰일 날 뻔했지요. 간헐천의 물은 매우 뜨겁고 화학성분도 포함되어 있으니까요."

스팀보트 간헐천이 분출하는 걸 보고 싶었는데 지금은 아니었다. 멀리 떨어진 곳이라면 모를까. 아이들을 데리고 난간에서 떨어진 곳으로 슬금슬금 뒷걸음질 쳤다.

미국 국립공원을 여행하며 자연을 통해 해방감을 느꼈지만, 사실 자연은 자비가 없다. 옐로스톤은 그 어떤 곳보다 자연 그대로의 날 것을 볼 수 있는 곳이었다. 이제는 증기와 유황 냄새가 불길하게 느껴졌다. 비록 옐로스톤은 200만 년 동안 3번밖에 분화하지 않았고, 마지막 분화는 64만 년 전이었지만, 여전히 활화산이기 때문이다. 마치 내 마음을 읽은 것처럼 레인저가 말을 이었다.

"옐로스톤은 언제든 폭발할 가능성이 있는 초화산이지만, 가까운 미래에 분화할 가능성은 매우 낮으니 걱정하지 마세요."

땡볕에 돌아다녔더니 다들 지쳤다. 우리는 가드너에 있는 숙소로 가서 짐을 풀고 조금 쉬다가 더위가 한풀 꺾일 무렵인 저녁 5시에 우리는 다시 북쪽 입구를 통과해 매머드 핫 스프링스(Mammoth Hot Springs)로 올라갔다.

매머드 핫 스프링스는 옐로스톤 북쪽 입구에서 불과 8km 떨어진 지점에 있었다. 이곳은 어퍼 테라스와 로어 테라스로 나뉜다. 트레일 전체가 나무 데크로 잘 정비되어 있어 걷기 편했지만 몸살 기운이 있어서 볼거리가 많은 로어 테라스만 걷기로 했다.

계단처럼 층층이 쌓인 크림색 암석 지형은 이곳의 대표적인 풍경이다. 이 독특한 형상은 석회 성분이 매일 조금씩 침전되며 만들어진다. 지하 깊은 곳에서 온천수가 석회암층을 지나며 올라와 지표면에 미네랄 성분인 석회*(calcite)*를 남긴다. 이 석회가 굳어져 트래버틴*(travertine)*이라는 퇴적암이 형성된다. 온천수가 계속 흐르면서 나무와 풀, 고온성 미생물*(thermophiles)*까지도 이 퇴적물에 묻히게 된다. 옐로스톤의 지형은 지금, 이 순간에도 우리가 알아차릴 수 없는 속도로 변하고 있었다.

지하에서 악마가 엄지손가락을 치켜세운 것처럼 검은 암석이 불쑥 튀어나온 데블스 섬*(Devil's Thumb)*, 푸른색과 노란색 물감을 짜둔 것 같은 팔레트 스프링*(Palette Spring)*, 그 외에도 노란색과 주황색이 섞여 카나리아를 연상시키는 카나리 스프링*(Canary Spring)*, 오팔처럼 반투명한 푸른빛을 가진 오팔 테라스*(Opal Terrace)*를 돌았다.

이 테라스 지형을 만든 온천수는 아까 다녀온 노리스 간헐천 지대에서 지하 암석 틈을 따라 이곳까지 흘러온 것이라고 한다. 십여 년 전만 해도 매머드 핫 스프링스 곳곳에 물이 넘쳤지만, 지금은 지하의 물길이 바뀌어서 물이 마른 구역이 많았다. 온천수의 흐름은 자연스럽게 변할 수 있다고 하니, 지금은 말라 보이는 곳에도 다시 물이 흐를지 모르겠다.

하늘이 어둑어둑해지니 엘크가 보드워크까지 내려와 어슬렁거렸다. 숙소로 가는 국립공원 입구에서 무스도 봤다. 옐로스톤에서는 화산 지형을 보는 즐거움도 있지만 또 하나의 즐거움을 꼽으라면 야생 동물을 보는 것이다.

매머드 핫 스프링스

7장 지구의 숨결을 느낄 수 있는, 옐로스톤 국립공원

야생 동물의 성지,
라마 밸리와 헤이든 밸리

☆☆☆☆☆

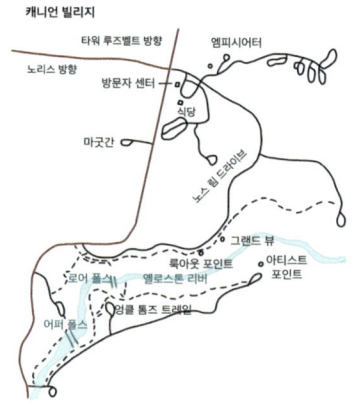

야생 동물을 보기 좋은 시간은 해 질 무렵부터다. 우리는 해가 질 때까지 '옐로스톤의 그랜드 캐니언(Grand Canyon of Yellowstone)'과 르하디 레피드(LeHardys Rapids)에서 시간을 보내기로 했다.

1805년 이전에 옐로스톤은 'Rock Yellow River'라고 불렸다고 한다. 당시 탐험가들에게 '옐로스톤의 그랜드 캐니언' 폭포 옆 사암 절벽이 노란색으로 보였기 때문이었다.

어퍼 폭포는 거대한 폭포 물줄기가 33m 높이에서, 로어 폭포는 물줄기가 94m의 높은 절벽 꼭대기에서 천둥소리를 내며 쏟아지는 폭포다. 블링크 오브 더 어퍼 폴스*(Blink of the Upper Falls)* 전망대에서는 어퍼 폭포를 가까이에서 볼 수 있는데 이름처럼 폭포가 반짝이는 곳이었다.

옐로스톤의 그랜드 캐니언

폭포를 보고 6월에는 송어가 뛰논다는 르하디 레피드 근처로 피크닉을 갔다. 강변에는 물수제비를 뜨고, 간식을 먹고, 돗자리를 펴고 자고, 낚시를 하는 사람들이 몇 있었다. 시원한 강변에서 점심을 먹고 아이들과 남편은 물속에서 첨벙거리며 댐을 만들며 놀았다. 몸살 기운이 있었던 나는 나뭇잎이 살랑거리는 소리와 물이 평화롭게 흐르는 소리를 들으며 낮잠에 빠졌다.

르하디 레피드는 옐로스톤강의 상류에 있다. 옐로스톤강은 우리 숙소가 있었던 가드너로 흘러 내려간 다음 미주리를 지나서 미시시피강으로 흘러든 다음 멕시코만으로 간다.

미시시피강과 미주리를 떠올리니 허클베리 핀과 흑인 노예인 짐이 미시시피강을 따라 남쪽으로 모험을 떠나는 이야기인 마크 트웨인의 『허클베리 핀의 모험』이 떠올랐다. 나도 허클베리 핀처럼 모험을 떠난다면 어떨까? 옐로스톤강 본류는 미국에서 가장 긴 댐이 없는 강이니 불가능한 일은 아닐지도 모른다.

옐로스톤은 야생 동물들의 천국이다. 바이슨, 엘크, 큰뿔양, 곰, 그 외의 많은 동물이 살고 있다. 야생에서 살고 있는 동물을 관찰하는 것은 옐로스톤 여행의 큰 즐거움이다.

"옐로스톤에 바이슨이 엄청나게 많이 산대. 엄청 크고 위험하니 절대 가까이 가면 안 된대." 학교에서 국립공원에 대해서 배운 딸은 옐로스톤으로 가는 내내 바이슨을 볼 수 있을 거라고 얼마나 기대하던지.

사실 나는 운이 좋아야 바이슨을 한두 마리 볼 수 있을 거로 생각했다. 그런데 옐로스톤에는 바이슨이 정말 많았다. 도로가 심하게 정체되면 바이슨이 길을 막고 있다는 의미였다.

　야생 동물을 관찰하기 좋은 곳을 순위를 매기면, 첫 번째는 라마 밸리 (Lamar Vally), 두 번째는 헤이든 밸리(Hayden Vally)다. 헤이든 밸리는 8자 순환도로의 동쪽 중간에 있어서 접근성이 좋지만, 라마 밸리는 접근성이 좋지 않다는 단점이 있다. 헤이든 밸리를 지나는데 도무지 차가 움직이질 않았다. 역시 정체의 원인은 바이슨이었다.

바이슨

라마 밸리

어쩔 수 없이 기다리는 수밖에. 바이슨은 나무를 부러뜨릴 만큼 힘이 세고, 1.5m 높이까지 점프할 수 있고, 시속 50km 빠르기로 달릴 수 있다고 하니 덤빌 수도 없는 노릇이었다. 정체가 계속되자 레인저 차량이 도로를 역주행하며 달려왔다. 레인저 차량은 투우하듯이 바이슨을 도로 밖으로 몰았다. 그제야 겨우 정체가 풀렸다.

넓은 초원에 붉게 노을이 지기 시작할 무렵 라마 밸리에 다다랐다. 라마 밸리는 한적한 곳이었다. 도로 옆 주차하기 편한 곳에는 테이블까지 펼쳐 놓고 저녁을 먹는 사람, 어마어마한 망원경으로 초원을 관찰하는 사람, 차 지붕 위에 앉아 초원을 보는 사람, 사랑하는 사람들과 다정하게 시간을 보내는 사람들이 있었다. 라마 밸리에서 바이슨은 진흙에 몸을 비비고, 풀을 뜯고 어린 바이슨은 엄마 바이슨의 젖을 빨고, 무리를 지어 살아가고 있었다. 사람에게나 바이슨에게나 이곳은 번잡스럽지 않은 곳이었다.

가드너

하늘에 어둠이 내려앉고 별이 총총 떴다. 옐로스톤 북문을 통과해 숙소로 돌아갔다. 숙소가 있었던 가드너(Gadner)는 옐로스톤강을 따라 물이 흐르는 소리, 새가 지저귀는 소리, 가끔 지나가는 자동차 소리만 들리는 작은 마을이었다. 북적거리는 관광지에서 조용한 마을로 내려오니 마음에 여유가 생겼다. 숙소 앞에는 사슴도 내려와 풀을 뜯고 있었다. 사람을 보고도 도망도 가지 않는 걸 보니 사람이 익숙한 것 같았다.

내가 앓았던 두통과 몸살은 고산병이었던 것 같다. 높은 고도 때문에 인스턴트커피 비닐, 김 봉지, 라면 봉지처럼 밀폐된 것들은 빵빵하게 부풀었다. 나는 마치 그 봉지가 된 것처럼 여기저기 쑤시고 아팠다. 몸은 아팠지만 나 때문에 남편과 아이들이 가보고 싶은 곳에 가지 못하면 안 되니까 꾹 참고 걷다가 차에 들어오면 쓰러지듯 누웠다. 비싼 비행기와 렌터카를 빌려서 비싼 곳에 묵었기 때문에, 다시는 안 올 곳이니까 무엇을 봐야 한다는 압박감이 있었던 것 같기도 하다. 신기한 화산 지형을 두고도 나는 가드너에서 더 편안함을 느꼈다. 이제 무엇을 보고 느껴야겠다는 압박감을 내려놓기로 했다.

8장

대륙의 왕관, 글레이셔 국립공원

① 꼭꼭 숨어있는 아름다움, 히든 레이크
② 걸어야만 보이는 것들, 그리넬 글레이셔 트레일

글레이셔 국립공원은 미국 북서부 몬태나주에 자리하고 있다. 글레이셔 국립공원 일대는 미국의 박물학자이자 역사가, 민족학자, 자연보호 운동가인 조지 버드 그리넬이 회색곰, 엘크, 사슴, 산양 등을 사냥하다가 발견한 땅이다. 그는 100개가 넘는 빙하가 산봉우리를 덮고 있고, 인간의 손길이 닿지 않는 푸른 숲과 빙하와 빙하 호수가 가득한 그곳을 '대륙의 왕관'이라고 불렀다. 그는 사냥보다 보존의 필요성을 절실히 느껴 글레이셔 지역을 보호구역으로 만들기 위한 운동에 앞장서서 그곳을 국립공원으로 보존하려 했지만, 수백 명의 개인 소유주가 있어서 쉽지 않았다. 결국 그레이트 노던 철도와 손을 잡고 요세미티와 글레이셔를 잇는 철도를 개통했고, 연방정부와 협상한 끝에 글레이셔 국립공원은 1897년에는 보호구역으로 지정되었고, 1910년 국립공원으로 승격되어 미국의 10번째 국립공원이 되었다.

※꼭 알아야 할 팁

1. 고잉 투 더 썬 로드 차량권 예약 전일 예약

　고잉 투 더 썬 로드(Going to the sun road)를 직접 운전해서 올라가려면 입장권을 예약해야 한다. 전일 예약은 산악 하절기 시간(MDT) 오전 8시에 열린다. 한 번 예약하면 3일 동안 유효하다. 새벽 6시 이전과 오후 3시 이후에는 예약하지 않고 입장 가능하다.
　고잉 투 더 썬 로드는 워낙 굽이진 곳이라 눈이 오면 도로를 개방하지 않는다. 일반적으로 6월 중순부터 10월까지, 눈이 없는 기간에만 개방된다.
　※도로 상황에 따라 달라질 수 있으므로 국립공원관리청 웹사이트에서 최신 정보를 확인해야 한다.

2. 고잉 투 더 썬 로드 차량 크기 제한

　이 도로는 좁고 구불구불한 산악 지형을 통과하기 때문에 안전을 위해 길이 6.4미터 이하, 너비 2.4미터 이하, 높이 3미터 이하로 차량의 크기를 제한하고 있다. 따라서 캠핑카를 가지고는 도로를 이용할 수 없다. 캠핑카를 이용하는 방문객은 무료 셔틀을 타거나, 국립공원 밖으로 난 도로를 이용해서 목적지까지 갈 수 있다.

3. 보트 예약 사이트

글레이셔 보트 예약
https://glacierparkboats.com/

위 사이트는 글레이셔 국립공원 보트 예약 사이트다. 매니 글레이셔 외에도 다른 호수를 운행하는 보트도 예약할 수 있다.

4. 미리 주유하기

글레이셔 국립공원 동쪽의 인디언 보호구역은 국립공원의 다른 지역에 비해 기름값이 다소 비쌌다. 그러니 기름은 미리 넣자.

5. 히든 레이크 트레일 입구까지 가는 방법
   1) 고잉 투 더 썬 로드를 직접 운전해서 히든 레이크 트레일 입구인 아프가 방문자 센터까지 갈 수 있다.
   2) 무료 셔틀버스인 매니 글레이셔 하이커 버스(Many Glacier Hiker's Shuttle)를 탈 수 있다.
   3) 레드 버스 투어(Red Bus Tours)를 이용하는 방법도 있지만, 우리는 트레킹을 해야 하므로 인당 15달러가 넘는 유료 투어인 레드 버스 투어는 이용하지 않았다. 레드 버스는 가이드의 해설과 함께 공원 내 주요 명소를 둘러보는 것이 주 활동이기 때문이다. 레드 버스 투어 및 로지 예약은 아래 홈페이지에서 가능하다.

글레이셔

2부 여름, 트레킹과 한 걸음 더 가까워지다

꼭꼭 숨어있는 아름다움,
히든 레이크

오버룩까지 걸었을 때 ★★☆☆☆
정상까지 걸었을 때 ★★★☆☆

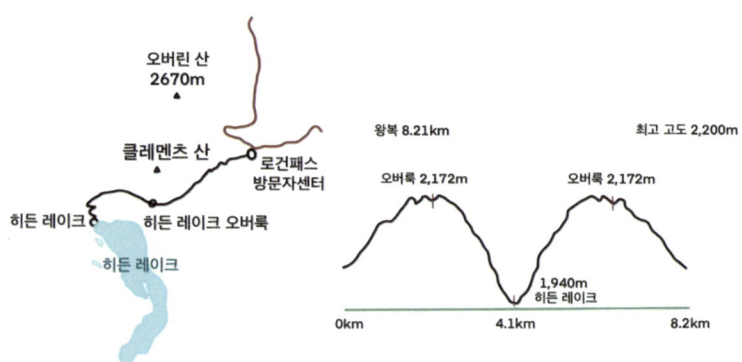

    가드너에서 글레이셔 국립공원까지는 몬태나주의 남중부에서 북서쪽 끝까지 대각선으로 오르는 여정이었다. 옐로스톤의 고지대에서 내려오니 끝없이 펼쳐진 넓은 평야가 눈앞에 펼쳐졌다. 몬태나주의 광활한 밀밭에서는 밀을 추수하는 거대한 트랙터들을 심심찮게 볼 수 있었다. 이곳에서는 바퀴 달린 목이 긴 기계가 움직이는 범위만큼만 목초지를 키우기 때문에 위성사진으로 보면 목초지는 모두 원형이다. 원 밖은 그냥 내버려 둬도 될 만큼 땅이 남아도는 곳이다. 몬태나주의 면적은 남한의 4배이지만 인구는 남한의 1/50인 100만 명에 불과하다.

　우리는 남편의 플레이리스트에 있는 90년대 음악을 들으며 차창을 열고 시원한 바람을 맞으며 달렸다. 끝없는 평야를 달리는 동안, 미국이 얼마나 넓은지 실감할 수 있었다. 아무리 달려도 끝없는 지평선이 펼쳐진 풍경을 볼 수 있는 건 한국에서는 할 수 없는 경험이었다. 그때만큼은, 광활한 대지 덕분에 다양한 기후와 환경을 가진 미국이라는 나라가 부러웠다.

몬테나주의 초지

우리는 몬태나주 주도인 헬레나에 들러 장도 보고 점심도 해결하기로 했다. 주부들은 마트마다 사야 할 물건이 다르다는 것에 공감할 것이다. 우리는 코스트코에서 햇반과 종갓집 김치를, 월마트에서는 한국 라면을 산 후 가장 가까운 커피숍의 드라이브 스루로 들어갔다.

"How are you?"

"우리 글레이셔 국립공원 가고 있어요."

기분이 들떠서인지 커피숍 직원의 일상적인 인사에 평소답지 않은 대답이 튀어나왔다.

"글레이셔에 스모크가 있는데, 괜찮을지 모르겠네요."

글레이셔로 갈수록 하늘이 짙은 회색빛으로 변해갔다. 열어둔 창문을 황급히 닫고, 차 안 공조를 내기 순환 모드로 전환했다. 구글에서 'air now'를 검색하니 몬태나주 일부와 글레이셔 국립공원, 그리고 멀리 워싱턴 주까지 붉게 표시되어 있었다. 한껏 들떴던 마음에 긴장감이 번져갔다.

나무 타는 냄새를 맡으며 투 메디슨*(Two Medicine)* 호수에 도착하니 오후 4시 반이었다. 원래 계획은 투 메디슨 루프 트레일*(Two Medicine Loop Trail)*의 일부를 2시간 정도 걷는 것이었다. 그런데 바람이 어찌나 심한지 자동차 문도 열기 힘들었다. 있는 힘껏 차 문을 밀었더니 이제는 열린 문틈으로 모자가 날아가 버렸다. 아이들은 을씨년스러운 날씨에 실망감을 감추지 못했다. 숙소가 있는 서쪽 입구로 바로 갈 수 있었지만, 투 메디슨 호수 주변을 트레킹하려고 먼 길로 돌아왔는데 이런 날씨라니. 알레르기가 있는 딸은 빨갛게 변한 눈을 연신 비벼댔다. 결국 서둘러 사진만 몇 장 남기고 숙소가 있는 웨스트 글레이셔로 발걸음을 돌렸다.

투 메디슨 호수

　글레이셔 국립공원에서는 서쪽 입구인 웨스트 글레이셔(West Glacier) 근처에 있는 로지에 묵었다. 웨스트 글레이셔는 글레이셔 국립공원의 주요 입구 중 하나다. 칼리스펠 국제공항과 가까워 접근성이 뛰어나고 공원 내 주요 관광지인 맥도널드 호수(Lake McDonald), 아프가 빌리지(Apgar Village), 주요 도로인 고잉 투 더 썬 로드로 접근하기 쉬워서 숙박 시설은 이곳에 밀집되어 있었다.

　아침 일찍 자리에서 일어나 커튼을 걷었다. 하늘은 여전히 회색빛이었다. 산불 연기에 흐릿하게 보이는 나무의 윤곽이 바람에 마구 흔들렸다. 나무가 타는 냄새가 코끝을 찔렀다. 다행히 일기 예보에서는 오후가 되면 바람의 방향이 바뀌고 산불이 수그러들 거라고 했다. 그때까지는 야외 활동을 할 수 없을 것 같아서 솔트레이크시티에서 등산화를 사려던 계획을 앞당겨서 시내로 나섰다.

　여름 여행의 첫 번째 여행지인 그랜드 티턴에서 델타 레이크 트레일을 트레킹할 때, 운동화 밑창이 다 닳아버렸다. 운동화는 등산에 적합한 신발이 아니었다. 돌을 밟으면 미끄러지기 일쑤여서 미끄러지지 않으려고 발목과 무릎에 힘을 주다 보니 목과 어깨까지 아팠다. 남편과 아들이 가장 기대하고 있는 자이언 국립공원의 에인절스 랜딩은 등산화 없이는 힘들 것 같았다.

미국으로 오는 짐을 꾸릴 때 '등산화를 넣을까 말까?' 고민했는데, 마지막 부피가 크다는 이유로 짐가방에서 빼버린 것이 어찌나 후회되던지. 그때는 미국을 여행하며 트레킹을 주로 하게 될 줄은 몰랐다. 여행을 거듭할수록 국립공원의 구석구석을 밟을 수 있는 트레킹이 좋아졌다.

등산화를 사고 밖으로 나오니, 예보대로 바람 방향이 바뀌어 연기가 조금 옅어졌다. 우리는 히든 레이크(Hidden lake) 트레일 입구이자 해발 2,026m로 고잉 투 더 썬 로드에서 가장 높은 지점인 로건 패스로 향했다.

구불구불 이어진 고잉 투 더 썬 로드를 운전하는 건 생각보다 아찔했다. 절벽에서 유난히 튀어나온 바위 돌출부를 지날 때 맞은편에서 차가 오면 바짝 긴장할 수밖에 없었다. 고잉 투 더 썬 로드는 웨스트 글레이셔에서 세인트 메리까지 이어지는, 국립공원을 가로지르는 유일한 도로이자 로건 패스로 향하는 유일한 길이기도 하다. 이 도로 곳곳에는 경치를 감상할 수 있는 전망대가 마련되어 있어, 아름다운 절벽과 흐르는 물줄기, 웅장한 빙하를 한눈에 담을 수 있었다.

그런데 주차가 이렇게 힘들 줄이야. 주차장에는 차량 80대 정도가 주차할 만한 공간밖에 없었다. 히든 레이크 오버룩 트레일은 트레킹 난도가 낮은 편이어서 가족 관광객들도 많이 방문하는 글레이셔 국립공원의 인기 트레킹 코스다. 방문객은 많은데 주차 공간은 적으니 주차 경쟁이 치열할 수밖에. 주차 자리를 찾으려는 자동차들 무리를 따라 빙빙 돌다가 30분 만에 겨우 자리를 찾았다.

로건 패스

미국 몬태나주와 캐나다 앨버타주의 경계에 걸쳐있는 글레이셔 국립공원은 캐나다의 워터턴 레이크 국립공원과 함께 '워터턴-글레이셔 국제 평화공원'으로 지정돼 있다. 그래서 로건 패스에서는 미국 국기와 캐나다 국기가 나란히 펄럭이고 있었다.

히든 레이크 오버룩까지는 왕복 2.4km, 약 1시간 반 정도 소요된다. 길 양옆에는 초원이 끝없이 펼쳐져 있었다. 우리는 웅장한 레이놀즈 산과 클레멘츠 산, 뾰족한 봉우리가 독특한 배어해트 산을 바라보며 시원한 바람이 부는 길을 걸어 올랐다. 고도가 높아서인지 여름인데도 바람이 서늘했다. 완만한 오르막길은 포장이 되어 있어서 휠체어를 타거나 어린아이들도 쉽게 오를 수 있었다.

포장된 길 아래로 작은 물줄기가 졸졸 흐르는 곳도 있었다. 풀밭에서는 다람쥣과로 보이는 작은 동물이 볼이 미어지도록 먹이를 채운 채, 사람들의 기척에도 아랑곳하지 않고 또 다른 먹이를 찾아 바삐 움직였다. 고개를 돌리자 층층이 쌓인 바위 위로 산양 한 마리가 가뿐하게 뛰어올랐다. 가파른 절벽도 마치 평지를 걷는 것처럼 거침없었다.

오버룩을 지나 히든 레이크까지 돌계단과 자갈길이 이어지는 완만한 내리막길을 걸었다. 여기서부터는 완만한 비포장길이었다. 오른쪽으로는 오랜 세월 쌓인 지층이 겹겹이 드러나 있었고, 반대편으로는 호수가 햇빛에 반짝였다. 오르막길인 히든 레이크 오버룩까지 걸은 후 내리막길을 걸어 내려가야 아래로 히든 레이크를 볼 수 있다. 오버룩까지 걷지 않으면 보이지 않는 호수라서 '숨겨진 호수'라는 이름이 붙었을지도 모르겠다.

마침내 우리는 히든 레이크에 도착했다.

"물에 들어와서 수영하세요. 생애 한 번뿐일 경험이잖아요."

딸과 함께 수영하던 백인 아저씨가 말했다. 물은 너무 깨끗해서 호수 안에 있는 자갈 하나하나가 선명히 보였다. 이끼 하나 끼지 않은 깨끗한 자갈이었다. 그랜드 티턴의 델타 트레일을 걸을 때, 나도 '빙하물에서 수영할 기회가 생긴다면 꼭 해봐야지' 하고 다짐하지 않았던가! 겉옷 안에 수영복을 챙겨입고 오길 잘했다.

"너네도 물에 들어와."

아이들이 고개를 절레절레 저었다.

"생애 딱 한 번일지도 모르잖아."

아이들은 잠시 고민하더니 양말을 벗고 발만 담갔다.

이렇게 가족과 진득하게 붙어서 시간을 보낸 적이 있었던가. 나는 '행복하다'라는 말을 쉽게 하지 않는다. 그동안 행복하다는 말을 어디다 쓰려고 아껴둔 걸까? 일상에서 벗어나 남편과 아이들과 함께 걷는 시간은 '행복해.'라는 말로도 부족했다.

물 밖으로 나와서 젖은 수영복 위에 대충 겉옷을 입었다. 찝찝한 걸 싫어해서 덜 마른 옷을 입고 다니는 건 상상해 본 적도 없다. 그런데 막상 젖은 옷을 걸치고 있어도 그렇게 찝찝하지도 않았다. 살랑살랑 불어오는 시원한 바람이 옷을 말려주었다.

히든 레이크

히든 레이크 트레일에서 내려가는 길

글레이셔 국립공원에서는 꼭 트레킹하길 바란다. 고잉 투 더 썬 로드를 드라이브하며 경치를 즐기는 것도 멋지지만, 그 풍경 속으로 직접 걸어 들어가면 또 다른 세계가 펼쳐진다. 큰뿔양과 산양이 살아가는, 자연 그대로의 모습을 어디서 또 볼 수 있을까. 우리 가족은 시시각각 변하는 구름과 하늘 아래 우뚝 솟은 푸른색 절벽과 파랗게 물이 고인 호수, 바람에 흔들리는 풀잎과 이름 모를 야생화가 피어있는 풍경 속에서 뚜벅뚜벅 걸었다. 그때의 바람결과 바람에 실려 온 풀 냄새, 두런두런 이야기하며 웃던 기억들은 지금도 소중히 간직하고 있다. 땀에 흠뻑 젖어 히든 레이크에 도착했을 때 빙하가 녹은 물이 얼마나 시원했는지, 그리고 마침내 빙하에 다다랐을 때 얼마나 기뻤는지도.

걸어야만 보이는 것들, 그리넬 글레이셔 트레일

★★★★☆

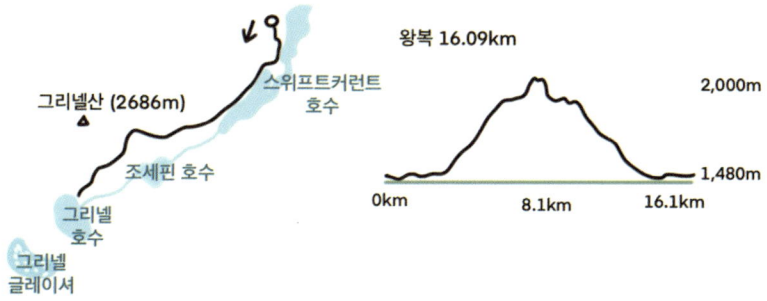

아침 7시, 한여름인데도 섭씨 2도로 쌀쌀했다. 창밖에는 바람에 나뭇가지가 휘청이고 있었다. 산불 연기에 가려진 하늘은 여전히 회색빛이었다. 숙소 안까지 탄 냄새가 느껴졌다. 알고 보니 그 산불은 캐나다 역사상 가장 심각한 산불 중 하나였다고 한다. 다행히 기온이 내려가고 습도가 올라가면서 불길이 잡히고 있었다. 일기 예보를 검색해 보니 그리넬 트레일이 있는 글레이셔 국립공원 동쪽도 불길이 진정되어 먼지도 한결 줄어든 상태였다.

그리넬 트레일은 왕복 16km로 5시간 정도 소요되지만, 여유 있게 시간

207

을 보낸다고 가정하면 7시간이 걸릴 것 같았다. 해가 지면 곰이 나올 수 있고, 저녁 7시 반에는 주니어 레인저 프로그램에 참여해야 했기 때문에 12시에 산에 오르기 시작하는 것이 목표였다. 트레일 입구에 도착해서 점심을 먹고 나니 12시였다. 시작이 나쁘지 않았다.

그리넬 트레일 입구가 노란색 출입 금지 경고 테이프로 막혀 있을 줄이야. 트레일이 정비 중이니 매니 글레이셔 호텔 뒤편에 있는 길로 가라는 안내문만 붙어 있었다. 마음이 조급해져서 차까지 뛰어갔다. 자동차 트렁크를 열고 등산 스틱을 넣고 배낭을 넣고, 트렁크 문을 쾅 닫았다.

"앗! 가방 안에 차 열쇠 있는데!"

차 문은 아무리 애를 써도 열리지 않았다. 전화도 안 되고 인터넷 신호도 안 잡혀서 보험회사에 연락할 수도 없었다. 망연자실해서 서 있다가 마침 곁에 주차한 백인 노부부에게 물었다.

"차 키를 차 안에 두고 내렸는데 어떻게 해야 하는지 아세요?"

"저런! 저 호텔에 물어보면 되지 않을까요?"

그러게, 호텔에 물어볼 생각을 왜 못했을까.

우리의 사정을 들은 호텔 직원은 곧바로 국립공원 레인저에게 연락했다.

"레인저가 차가 있는 곳으로 갈 거예요."

레인저가 우리보다 먼저 도착해 있었다. 미국에서 뭔가가 이렇게 빨리 진행되는 것은 처음이었다. 레인저는 먼저 차량에 손상이 발생해도 책임을 묻지 않겠다는 내용의 동의서에 서명을 받았다. 그런 다음 운전석 문틈에 공기주머니를 넣어 부풀려 틈을 벌리고, 그 사이로 얇은 쇠막대를 밀어 넣어 문 안쪽의 레버를 당겨 차량 문을 열었다. '차 도둑이 차 문을 따는 방법이 바로 이거구나!'라는 생각이 들었다. 차 문을 여느라 두 시간이 훌쩍 지나가 버렸다. 여유 있게 걸을 수 있으려나 생각했는데, 완전히 물 건너가 버렸다.

그리넬 글레이셔 트레일은 조지 버드 그리넬의 이름에서 비롯되었다. 인류학자이자 동식물학자, 그리고 역사학자였던 그는 글레이셔 지역을 국립공원으로 지정하는 데 결정적인 역할을 했고, 옐로스톤의 바이슨을 보호하기 위한 입법에도 힘을 보탰다. 1894년, 국립공원 보호법이 제정되었을 당시 옐로스톤의 바이슨은 밀렵으로 인해 개체 수가 200마리 남짓으로 급감한 상태였다. 그리넬은 밀렵을 멈추고 바이슨을 보호해야 한다고 주장했다. 덕분에 한 세기가 지난 지금, 우리 가족은 옐로스톤 평원 위를 평화롭게 가로지르는 바이슨 무리를 관찰할 수 있었다.

미국 국립공원은 한국의 등산로처럼 사람이 많지 않았지만, 그리넬 글레이셔 트레일(Grinnell Glacier Trail)은 유독 한적했다. 매니 글레이셔 호텔 옆으로 펼쳐진 스위프트커런트 호수(Swiftcurrent Lake)를 끼고 조용한 길을 걷는 건 기분 좋은 일이었다. 나무도 적당히 그늘을 드리웠고, 고지대라 그런지 모기도 없었다.

스위프트커런트를 따라 난 호숫길은 완만하게 경사진 길로 이어졌다. 길 자체는 걷기 어렵지 않았지만, 뜨거운 햇빛을 그대로 받으며 걸어야 했기에 쉽지만은 않았다. 그럴 때마다 마주치는 이들이 건네는 인사가 의외로 큰 힘이 되었다.

아들은 평소에 필라델피아의 야구팀인 필리스 모자를 꼭 쓰고 다녔다.

여행지에서도 마찬가지였다. 트레킹하다가 같은 야구팀 모자를 쓴 사람을 마주치면, 친구라도 만난 듯 반갑게 "Hi."하고 인사했다. 반면에 라이벌팀 모자를 쓴 사람에게는 인사조차 하지 않았다. '중학생은 원래 이런가.' 싶어 웃음이 나왔다.

야생 동물을 만나는 재미도 있었다. 물을 마시며 쉴 때면 다람쥐가 쪼로로 나왔다. 멀리 보이는 바위에 산양이 무리 지어 있기도 했다. 누군가 트레일에 멈춰 서서 뭔가를 바라보고 있다면 그건 어딘가 야생 동물이 있다는 의미였다. 한 남자아이가 우리를 보고 산 아래 호숫가를 손짓하며 가리켰다. 그 방향을 따라 내려다봤더니, 멀리 엘크 한 마리가 보였다.

눈이 닿는 곳마다 보이는 층층이 쌓인 지층이 보였다. 지층은 마치 지구의 나이를 알려주는 나이테 같았다. 정말 오랜 시간 동안 쌓였을 테지만 사실 그리넬 글레이셔는 로키산맥의 줄기로 지구 전체로 보면 젊은 편이다.

신생 산맥인 데다가 빙하가 침식된 지형답게 마지막 구간은 산세가 험했다. 여기서부터는 돌로 된 계단과 바윗길이 이어졌다. 숨이 차서 쉬고 싶었지만, 정상에서 시간을 많이 보내기 위해서는 최대한 힘을 내서 정상에 도착해야 했다.

돌길에서는 여자 셋과 남자 한 명이 길을 만드느라 돌을 깨고 나르는 작업이 한창이었다. 어떤 여자 직공은 내 팔뚝만 한 망치를 들고 돌을 나르고 있었다. '저 망치를 들고 여기까지 왔다고?' 작은 배낭을 메고도 헉헉거리며 산을 올랐던 나로서는 그 엄청난 체력이 부러웠다.

경사가 가팔라지자, 길은 지그재그로 휘어진 스위치백 길로 바뀌었다. 사람들이 멈춰서서 뭔가를 보고 있길래 나도 고개를 들어보니 큰뿔양이 풀을 뜯고 있었다. 사람들은 큰뿔양을 찍으려고 카메라를 꺼내 들고 있었다. 우리도 사진을 찍으려는데 큰뿔양이 똥을 후두두둑 쏟아냈다.

산속에서는 야생 동물이 연예인이나 다름없었다. 풀을 뜯어도, 똥을 싸도 사람들은 환호했다. 똥을 한바탕 쏟아낸 큰뿔양은 겅중겅중 바위 위를 점프해서 멀리 사라졌다.

그리넬 트레일에서 본 큰뿔양

우리는 계속해서 산을 올랐다. 나는 산을 오를수록 힘들었는데 남편과 아이들은 힘든 기색도 없었다. 특히 딸은 평지를 걷는 건 지겨워하지만 산세가 험해지면 도리어 힘이 넘쳤다.

"이제 7분 남았어요."

친절한 격려에 힘입어 열심히 걸었다. 칠 분 남았다고 했건만 이십 분을 걸어도 호수는 보이지 않았다. 호수는 마지막 경사를 오르자 나타났다. 호수가 절벽과 만나는 곳에는 거대한 빙하가 있었고 불투명한 에메랄드빛 호수에는 얼음이 둥둥 떠다녔다.

"우리는 세계를 지탱해 주는 깊은 근원을 느끼며, 이상적 자아의 한계를 잊는다. 나아가 대자연과 하나가 된다."

_『철학자의 걷기 수업』, 알베르트 키츨러

드디어 도달한 정상에서 키츨러가 말한 것 같은 자연이 선사한 순수한 아름다움을 느꼈다. 아무리 멋진 전경이라 할지라도 자동차에서 내려 전망대에서 보는 풍경과 두 발로 걸어서 다다른 곳의 느낌은 다르다. 이제 몇 개 남지 않는 글레이셔 국립공원의 빙하까지 가기 위해 우리 가족 넷은 각자 자신의 두 다리로 버티며 걸었다. 때로는 침묵하고 때로는 이야기 나누며 함께 또 각자의 시간을 보냈다.

산 아래로 내려갈 준비를 하며 그리넬 글레이셔를 마지막으로 돌아봤다. 한때 100개가 넘던 글레이셔 국립공원의 빙하는 이제 23개만 남았다. 과학자들은 현재와 같이 온난화가 지속되면 2030년에는 글레이셔 국립공원의 빙하가 모두 사라질 거로 예측한다. 나는 2030년 이후에도 이곳의 빙하가 녹지 않고 남아있으면 좋겠다. 개인의 노력으로는 한계가 있다. 정부와 기업은 어떤 노력을 기울일 것인가. 기후 위기는 정치적 또는 경제적 목적으로 조작된 음모라고 주장하는 일부 집단은 심각성을 과소평가하고 있다.

델타 트레일에 오른 이후로 아프기 시작했던 무릎이 아파져 왔다. 잠시 쉬고 싶었지만, 딸은 얼른 내려가자고 재촉하며 내 가방을 대신 메고 성큼성큼 걸어가며 말했다.
"또 곰 나오면 어쩌려고 그래!"
매니 글레이셔 호텔이 보일 때에야 아이들은 마음을 놓았다.

그리넬 글레이셔

트레일 입구로 돌아오니 저녁 7시였다. 우리는 서둘러 프로그램이 운영되는 매니 글레이셔 캠핑장으로 발걸음을 옮겼다. 마침 레인저가 프로그램을 시작하고 있었다.

레인저 프로그램을 듣기 전까지 회색곰은 어마어마하게 크고 블랙베어는 회색곰보다는 작은 검은색 곰인 줄 알았다. 사람이 같은 인종이라도 피부색이 제각각인 것처럼 곰도 같은 종이라도 저마다 털색이 다르다고 한다. 그래서 발자국이나 나무 타는 모습을 보고 곰의 종류를 분류한다고 한다. 블랙베어는 손바닥과 손가락이 연결되는 부분을 선으로 그으면 엄지가 선 아래에 있고, 회색곰은 모든 손가락이 선 위에 있다. 블랙베어는 성체가 되어도 나무 타는 능력을 유지하지만, 회색곰은 성체가 되면 나무를 타는 능력을 잃는다. 그렇다고 회색곰에게 쫓길 때 나무 위로 도망가는 것이 안전한 건 아니다. 레인저가 한 번은 망원경으로 회색곰을 관찰하는데 어미 곰이 나무를 마구 흔들어 새끼 곰을 내려오게 했다고 한다. 프로그램에 참석하기 전까지는 옐로스톤이나 글레이셔 국립공원에서 회색곰을 보지 못해 아쉬웠는데, 설명을 듣다 보니 만나지 않은 것이 정말 다행이라는 생각이 들었다.

프로그램이 끝난 후 레인저한테 배지를 받으러 갔다. 레인저는 '아차' 하는 표정을 지으며 조끼 윗주머니, 바지 주머니를 뒤졌다. 빈손이었다. 아이들의 표정이 어두워졌다. 주머니를 샅샅이 뒤지다가 조끼 속주머니에서 배지를 꺼내며 말했다.

"운 좋게 딱 두 개 남았네!"

붉은 협곡,
자이언 국립공원

① 조금이라도 걸어야겠어, 왓치맨 트레일
② 무리하지 마세요, 에인절스 랜딩
③ 물길 따라 걸어봐,
   리버사이드 워크를 지나서 더 내로스 트레일로
④ 다짐대로 또 왔어, 캐니언 오버룩

자이언 국립공원(Zion National Park)은 유타주 남서쪽에 자리한 국립공원으로, 주 내 5개 국립공원 가운데 최초인 1919년에 국립공원으로 지정되었다. 유타주의 국립공원 중에서 방문객이 가장 많은 방문객이 찾는 인기 명소이기도 하다. 붉게 물든 사암 절벽과 장대한 U자형 계곡이 펼쳐지는 풍경은 한눈에 시선을 사로잡는다. 이곳에 살던 모르몬교 신자들은 그 압도적인 자연 속에서 평화와 위안을 느끼며 '자이언(Zion)' 즉 '평화로운 안식처'라고 이름 붙였다. 사막과 산, 협곡이 어우러진 자이언은 각기 다른 생태계가 공존하는 살아 있는 자연 박물관이다.

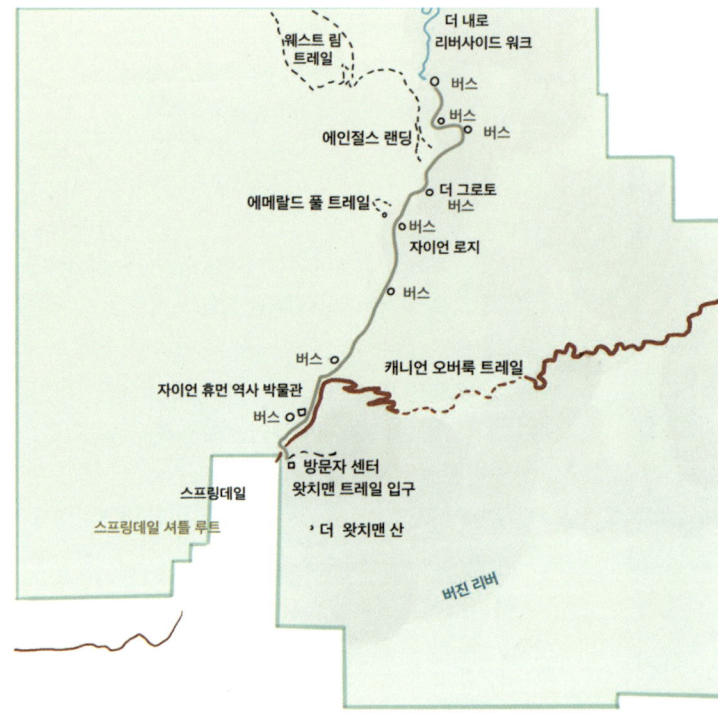

※ 꼭 알아야 할 팁

1. 에인절스 랜딩(Angel's landing) 예약하기

    미국 국립공원관리청의 공식 예약 사이트인 Recreation.gov를 통해 예약할 수 있다. 예약은 하이킹 날짜의 3개월 전부터 가능하며, 인기 있는 코스이므로 가능한 한 빨리 예약하는 것이 좋다.

    하루 전에도 레크리에이션 앱을 통해 산악 표준 시간(MT) 12:01 am - 3 pm에 추첨을 예약할 수 있다.

2. 셔틀버스 이용하기

    대부분의 관광객은 9번 도로를 타고 자이언트 카멜 고속도로 드라이브 코스를 따라 이동하는 걸로 자이언 국립공원 여행을 마친다. 터널을 통과할 때는 차량 크기에 따라 15달러의 통행료가 부과되며, 7일 안에 두 번 터널을 이용할 수 있다.

하지만 자이언 국립공원에서 협곡을 즐기기 위해서는 '자이언 경관도로'를 따라 여행하는 것을 추천한다. '자이언 경관도로'는 3월 중순부터 10월까지는 무료 셔틀, 도보, 자전거로만 이용할 수 있다. 자이언 국립공원 방문자 센터는 이른 시간부터 주차장이 만원일 수 있으니, 스프링데일에서 무료 셔틀을 이용하여 입장하는 것이 좋다.

3. 더 내로스 트레킹 가이드 업체 이용하기

'더 내로스'를 가이드와 함께 트레킹하고 싶다면, 스프링데일에 있는 전문업체를 이용하면 된다. 자이언 어드벤처 컴퍼니(zionadventures.com), 자이언 구루(zionguru.com), 자이언 가이드 허브(zionguidehub.com)를 이용할 수 있다. 장비와 해설이 포함되어 있어 준비가 간편해서 초보나 가족 단위 여행객들이 이용하기 적합하다.

어드밴처 컴퍼니

자이언 구루

자이언 가이드 허브

조금이라도 걸어야겠어, 왓치맨 트레일

★★☆☆☆

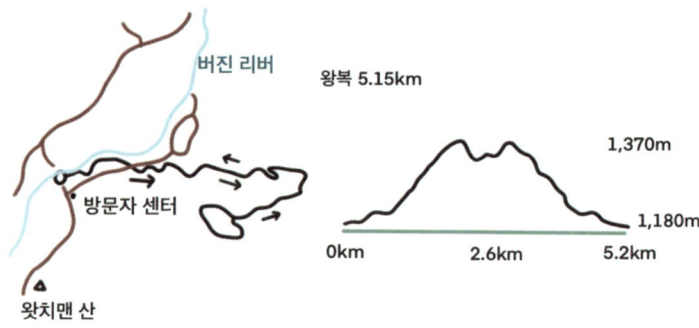

    이럴 때는 우리 가족이 정말 좋다. 귀찮음을 마다하지 않는 사람들 같으니라고. 지난겨울 방문자 센터 앞에서 붉은 밸리를 바라보며 자이언 국립공원에 다시 오리라 다짐했는데, 그로부터 8개월이 지난 후에 정말 다시 오다니! 글레이셔 국립공원에서 10시간을 차를 타고 솔트레이크시티로, 거기서 또 하루를 운전해서 말이다.

    드디어 도착한 자이언 국립공원은 화창하고 건조했다. 거대하고 붉은 사암 절벽들은 저녁해를 받아 더 붉게 빛났고 나무들의 짙은 녹색의 나뭇잎은 바람에 흔들렸다. 부드러운 곡선을 그리며 흐르는 버진강도 저녁해로 반짝였다.

유홍준 교수의 『나의 문화유산 답사기』에는 '아는 만큼 보인다.'는 구절이 나온다. 우리는 어떤 국립공원을 가든 꼭 방문자 센터에 갔다. 방문자 센터 안에는 자연과 역사에 대한 전시물이 곳곳에 자리하고 있었다. 손으로 직접 만져볼 수 있는 커다란 바위 단면도 있었고 협곡에 사는 동물의 모형도 전시되어 있었다. 한쪽에서는 자이언 국립공원이 어떻게 형성되었고, 어떤 동식물이 서식하는지에 대한 영상이 상영 중이었다. 방문자 센터를 한 바퀴 돌고 나와 협곡을 바라보니, 그냥 멋지기만 한 풍경이 아니라 수억 년의 기억을 꾹 눌러 담은 지구의 일기장 같았다. 아무래도 이곳은 그냥 지나치면 손해다.

우리는 방문자 센터에서 나가 왓치맨 트레일(Watchman Trail)을 걷기로 했다. 이틀이나 차 안에 있었더니 몸이 근질근질했기 때문이다.

방문자 센터에서 시작하는 트레일은 두 가지, 파루스 트레일(Parus Trail)과 왓치맨 트레일이다. 두 트레일 모두 왕복 3.5km 정도로 한 시간 반 정도 소요된다. 같은 트레일 입구에서 시작하지만 파루스 트레일은 버진 리버를 따라 평평하게 포장된 도로를 따라 이어져 있고, 왓치맨 트레일은 왓치맨 봉우리까지 이어져 있다. 늘 사람들로 붐비는 트레일이지만, 저녁 무렵이라 그런지 걷는 동안 두 가족밖에 마주치지 않았다.

산 초입에는 선인장과 키가 작은 주노 나무가 자라는 완만한 오솔길이 이어졌다. 조금 더 걷다 보니 경사가 조금 더 가팔라졌다. 우리는 바위들

사이로 구불구불 이어진 길을 따라 걸었다. 철 성분이 포함된 바위는 붉은 빛을 띠었다. 바위는 모래와 찰흙이 섞인 듯 꺼끌꺼끌했다. 드디어 협곡이 내려다보이는 전망대에 도착했다. 전망대에는 이름 모를 야생화가 피어있었다. 아래를 바라보니 햇빛에 반짝이는 버진 리버와 협곡을 따라 이어지는 도로, 트레킹을 시작했던 방문자 센터가 보였다.

어제까지는 나무가 푸르고 울창한 곳에 있었는데 이틀 만에 이렇게 황량한 곳으로 오다니. 지난겨울에도 서부 여행을 했지만, 그때는 눈 때문에 풍경이 온화하게 보였다. 이번엔 거친 바위들이 그대로 드러나 있었다. 이렇게 황량한 풍경이 아름다울 수 있다는 것이 생경하게 다가왔다.

숙소로 가는 내내 아이들은 돌을 줍고 뛰기도 하며 트레킹을 즐겼다. 숙소에 도착해 창밖을 내다보니, 하늘을 찌를 듯 솟아 있는 붉은 사암 절벽이 눈앞에 펼쳐졌다. 우리는 숙소에 있던 수영장으로 가 붉은 협곡을 바라보며 수영했다. 수영은 사막 기후에서 누릴 수 있는 최고의 호사였다. 물에 몸을 맡기며 생각했다. '여기 다시 오려면, 열심히 살아야겠다.'

왓치맨 트레일

무리하지 마세요, 에인절스 랜딩

★★★★★

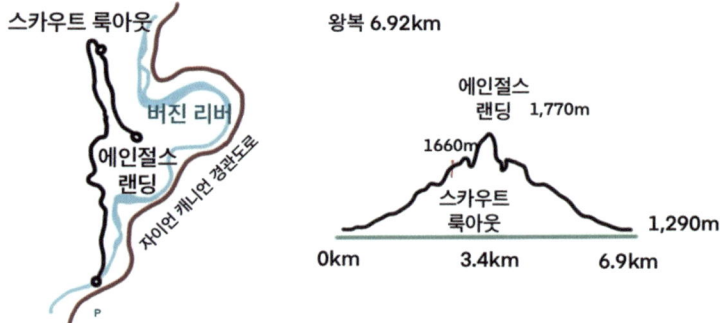

아침에 일어나자마자 휴대폰을 켜고 레크리에이션 앱을 확인했다.

"에인절스 랜딩 당첨"

사실은 내심 추첨에서 떨어지길 바랐다. 에인절스 랜딩은 미국에서 가장 위험한 트레킹 코스 중 하나이기 때문이었다. 2000년부터 지금까지 9명에서 17명 정도 추락하여 사망했다고 한다. 떨어지면 시신조차 찾을 수도 없는 절벽이었다. 차로 다닐 수 있다면 물이며 물놀이 신발까지 트렁크에 넣고 다닐 수 있을 텐데. 짐을 다 짊어지고 다녀야 해서 최대한 가볍게 꾸렸지만 물과 점심으로 먹을 음식들, 더 내로스(The Narrows)에서 신을 물놀이 신발, 선크림, 모자, 발을 닦을 수건까지 넣었더니 가방이 묵직했다.

방문자 센터에 주차하고 더 그로토(The Grotto) 트레일 입구(shuttle stop 6)에 내려 산 입구에 도착하니 9시 반이었다. 나름 서둘렀는데도 트레킹을 마치고 내려오는 사람들이 산을 오르는 사람보다 많았다. 처음 2km는 버진 리버를 따라 완만한 경사길이 이어졌다. 아침에는 그늘이 없어 고스란히 해를 받으며 걸어야 했다. 사막의 뜨거운 해는 붉은 바위도 색을 잃게 할 만큼 뜨거웠다. 공기도 건조해서 해는 여과 없이 눈과 피부를 찔러댔다. 그 구간을 지나니 양쪽이 절벽으로 둘러싸인 그늘이었다. 야생 부엉이가 사는 곳이라는 안내판을 보고는 목소리 낮추고 조용히 걸었다. 시원한 바람도 한 줄기 불었다.

길은 낮은 관목 사이로 이어졌다. 앞뒤, 양옆 어디를 봐도 붉은 바위 절벽이 우뚝 솟아 있었다. 구불구불 이어지던 길은 이윽고 급격하게 경사진 길로 이어졌다. 절벽이나 다름없는 경사진 길을 오르는 방법은 촘촘히 지그재그로 길을 따라 걷는 것이다. 이런 길을 스위치백이라고 한다. 애인절스 랜딩의 스위치백은 이 길을 고안한 월터의 이름을 따서 '월터스 위글즈 스위치백(Walter's Wiggles Switchbacks)'이라 불린다. 스위치백은 총 21개였다. 트레일 초입부터 걷기 귀찮다고 투덜거리던 딸은 스위치백을 보자 눈을 반짝이며 뛰어 올라가더니 다시 되돌아 내려와 헐떡이며 말했다.
"엄마, 스위치백이 정말 21개야!"

구불구불 오르는 길

월터스 위글즈 스위치백

스카우트 룩아웃(Scout Lookout)에 도착하자 전망이 시원하게 펼쳐졌다. 붉은 절벽과 협곡이 굽어 보이는 스카우트 룩아웃까지는 일반적인 트레킹 코스다. 사람들은 여기서 쉬며 주변 풍경을 감상하고 목을 축였다. 이후로 이어지는 길은 협곡을 따라 이어지는 에인절스 랜딩이었다. 에인절스 랜딩 입구에서 레인저는 입장 허가권과 신분증을 확인한 후 등반객들을 들여보냈다. 왜 방문자 수를 조절하는지는 트레일을 오르면서 알게 됐다.

첫 구간은 고도가 높지는 않지만, 쇠사슬에 의지해 절벽을 옆으로 돌아 감으며 걸어야 했다. 산을 오르는 사람도 내려가는 사람도 쇠사슬을 잡지 않으면 천 길 낭떠러지로 떨어지는 구간이었다. 그래서 조금 몸을 피할만한 구간이 나오면 산을 오르는 사람이 먼저 지나가고 내려가는 사람은 바위에 몸을 기대고 기다려 주었다. 방문자가 일정 수를 넘으면 위험한 구간이었다. 나는 아이들 걱정에 한껏 예민해져서 잔소리를 이어갔다.

"위험할 만큼 양보하지는 마. 쇠사슬을 꼭 잡아."

그런 나를 보며 남편이 말했다.

"당신만 조심하면 돼. 이제 아이들도 자기 몸은 알아서 챙겨."

정말 아이들은 조심스러웠고, 자기 몸도 잘 조절했다. 마음이 탁 놓였다.

한고비 넘겼다고 생각했는데, 절벽 뒤 보이지 않았던 곳에 더 웅장한 절벽이 있었다. 한참 갔다고 생각했는데 이제부터가 시작이었다.

"여기가 끝이길 바랐는데."

뒤에서 걷던 덩치 큰 백인 남자도 탄식했다. 평평한 바위가 있던 곳에서 잠시 물만 마시고 일어서려고 했는데 엉덩이가 떨어지지 않았다.

"무서우면 여기서 기다리거나 스카우트 룩아웃으로 돌아가서 기다릴래?"

남편과 아들은 정상으로 향했다. 솔솔 부는 바람에 땀을 식히며 쉬다 보니 긴장했던 마음이 편해졌다. 우리를 지나쳐 정상으로 향하는 사람들은 서로를 격려하고 응원하면서 씩씩하게 걸어갔다.

"우리도 정상까지 올라갈래?"

딸은 기다렸다는 듯 대답했다.

"응, 갈래!"

딸은 자기까지 홀랑 가버리면 엄마 혼자 남을까 봐 내 곁을 지켜주었던 거다.

사암이 갈린 부드러운 모래는 생각보다 미끄러웠다. 길은 폭이 1m도 채 되지 않는 곳도 있었고, 옆은 깎아지른 듯한 절벽이었다. 경치를 구경할 정신도 없이 눈앞의 쇠사슬만 보며 한 걸음씩 올라갔다. 정상에 도착했더니 온몸이 후들후들 떨렸다. 행여나 떨어질까 봐 쇠사슬에 얼마나 매달렸던지 팔도 저렸다. 팔을 주무르면서 주위를 둘러보다가 남편과 아들을 발견했다.

"엄마가 정상까지 올 줄 몰랐어. 안 무서웠어?"

아들의 다정한 말에 기운을 차렸다. 엄청난 풍경이 선물처럼 다가왔다. 겹겹이 펼쳐진 협곡과 그 사이를 굽이쳐 흐르는 버진 리버가 한눈에 들어왔다. 전에는 생명이라고 생각하지 않았던 바위, 흙, 모래, 바람, 강물, 그 안에 깃든 것들. 모든 것이 살아있는 것 같았다.

에인절스 랜딩 정상

트레일을 내려가는 길에 아이들은 나를 다독였다.

"엄마 줄 꼭 잡아!"

"엄마, 천천히 가도 돼. 무리하지 마! 내가 짐 들어줄까?"

아이들은 어느새 자라 엄마를 걱정하고 위했다. 부끄럽게도 나는 내 걱정을 여과 없이 아이들에게 쏟아낸 적도 있었다. 그건 엄마인 내 마음이 편해지자고 아이들에게 쏟아부은 폭언이나 다름없었다. 나와 달리 아이들은 위험하니까 하지 말라는 말로 마음을 꺾지 않았다. 그저 무리하지 말라고, 천천히 하면 된다고 엄마인 나를 다독였다.

에인절스 랜딩에서 내려가는 길

내려가는 길에 백인 아주머니가 딸을 보며 말했다.

"에인절스 랜딩에 오르다니! '스페셜' 주니어 레인저 배지를 달아야겠는걸."

우리는 마주 보고 크고 환하게 웃었다. 트레킹을 하며 만나는 사람들은 나에게 힘들 때도 유쾌함과 다정함을 잃지 않는 법을 알려줬다. 에인절스 랜딩같은 힘든 길일수록 마주치는 사람들은 따뜻했고 주고받는 인사도 훈훈했다. 길을 걸을 때 우리는 자연의 일부가 되고 함께 걷는 사람들에게서 친밀감을 느끼게 된다. 그것에 자연이 우리에게 준 선물이었다.

물길 따라 걸어봐,
리버사이드 워크를 지나서 더 내로스 트레일로

리버사이드 워크 ★☆☆☆☆
더 내로스 ★★★★☆

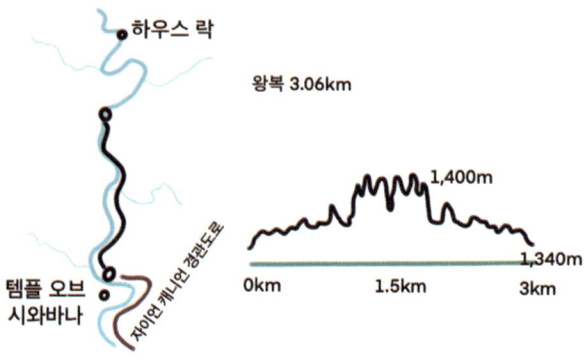

협곡을 위에서 내려 봤으니, 이제는 아래에서 올려 볼 차례였다. 우리는 더 내로스 트레일로 향하는 셔틀버스는 자이언 국립공원을 굽이 돌며 협곡을 올라 종점인 템플 오브 시나와바(Temple of Sinawava) 정류장에 도착했다.

자이언 국립공원 내부에는 자이언 로지 근처 외에는 식당이 없었다. 대신 셔틀버스 정류장에는 식수를 받는 곳과 도시락을 먹는 피크닉 장소가 있다. 우리 가족은 국립공원을 여행할 때 식당을 이용하는 것보다 간단히 식사를 해결하는 것을 선호한다. 규모가 상당한 국립공원 내에서 식당을 이용하려면 오가는 시간이 너무 많이 걸려 다른 활동을 할 수가 없다. 우리는 나무 그늘이 드리운 테이블에 앉아 가방 안에 있는 먹거리를 몽땅 꺼냈다. 머핀, 파이, 맛밤, 과일을 모두 꺼내 먹었더니 허기가 가셨다. 가방도 한결 가벼워졌다.

더 내로스(The Narrows)는 까마득한 협곡을 양옆에 끼고 버진강을 따라 걷는 트레일이다. 더 내로스에 가려면 먼저 리버사이드 워크를 따라 걸어야 한다. 리버사이드 워크(Riverside Walk)는 나무 데크가 깔린 왕복 3km의 걷기 좋은 길이었다. 할아버지의 휠체어를 밀고 있는 손주와 일가족이 보였는데, 편하고 여유 있는 모습이었다. 리버사이드 워크 양쪽으로 늘어선 바위는 그늘을 드리우고, 곳곳에 작은 폭포가 있어서 쾌적하게 걸을 수 있었다.

리버 사이드 워크를 이십 분 정도 걸어 더 내로스에 도착했다. 양쪽에서 거의 수직으로 솟아오른 붉은 사암 절벽이 하늘을 가릴 정도로 좁게 드리워져 있었다. 머리를 한껏 젖혀야 하늘이 보였다. 협곡이 좁고 높아서 물 흐르는 소리, 아이의 웃음소리가 동굴에서처럼 울렸다.

우리가 자이언 국립공원에 방문하기 직전에 서부 전역에 큰비가 내렸다. 사막인 데스밸리까지 폐쇄될 정도의 비였다. 더 내로스는 건조한 계절에는 걷기 어렵지 않은 길이라고 한다. 하지만 비가 내린 직후라 그런지, 수위는 사진에서 보던 것보다 높았다. 물도 탁해서 깊이를 가늠할 수 없었다. 깊은 협곡 안은 햇빛도 잘 안 들어서, 물이 차가웠다.

남편과 아이들은 물놀이 신발로 갈아 신은 뒤, 물속으로 조심스럽게 들어갔다. 발아래 자갈이 미끄럽고 물살도 제법 빨라서, 남편은 아이들의 손을 꼭 잡고 앞사람이 디딘 자리를 따라 한 걸음씩 나아갔다. 앞서 걷던 키 큰 백인 청년이 갑자기 깊어진 물에 가슴까지 잠겼다. 그는 가방을 머리 위로 들어 올린 채 물살을 헤치고 계속 앞으로 나아갔지만, 남편과 아이들은 그 지점에서 돌아섰다. 야심 찬 젊은이들은 허가를 받아 서브웨이 구간까지 야영하며 약 25km를 완주한다고 한다. 하지만 이렇게 수위가 높을 때는, 아이들과 몇 걸음 나아가는 것조차 작은 모험이 된다.

더 내로스

다짐대로 또 왔어, 캐니언 오버룩

★☆☆☆☆

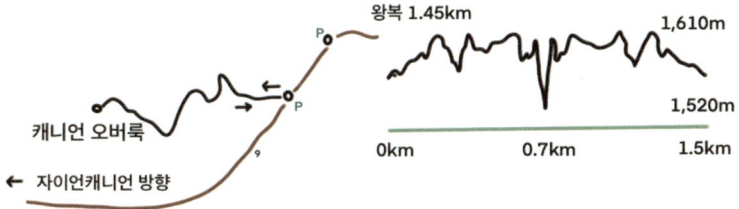

9번 도로를 타고 카멜 터널을 지나면, 곳곳에 경치를 감상할 수 있는 스폿들이 이어진다. 어디서든 감탄이 나오는 풍경이 펼쳐져 그냥 지나치기 아쉽다. 이 구간에서 특히 추천할 만한 곳은 캐니언 오버룩 트레일이다. 왕복 1.6km의 짧은 트레일이지만, 끝에서 마주하게 되는 전망은 압도적이기 때문이다.

여덟 달 전, 겨울비가 내리던 날에도 우리는 캐니언 오버룩에 왔다. 남편과 아들은 빗속을 헤치며 오버룩에 올랐지만, 나는 잠든 딸을 지키며 차에 있었다. 그때 나는 자이언 국립공원에 다시 오겠다고 다짐했다.

마침내 여름, 우리는 다시 자이언을 찾았다. 이번에는 캐니언 오버룩 트레일을 온 가족이 함께 걸었다. 우리는 9분 만에 정상에 도착했다. 자이언 특유의 붉은색, 주황색, 흰색의 암석층이 층층이 쌓인 절벽이 수직으로 솟아올라 있었다. 발 아래로는 깊이 파인 협곡이 펼쳐져 있었다. 협곡 사이로는 완만한 경사의 파인 크릭 캐니언(Pine Creek Canyon)이 펼쳐져 있었다. 키가 작은 관목들이 계곡을 뒤덮고 있었으며, 그 사이를 지그재그로 난 도로가 부드럽게 이어지고 있었다. 아이들은 산양처럼 바위 위를 이리저리 뛰어다녔다.

겨울의 캐니언 오버룩

여름의 캐니언 오버룩

트레일을 따라 내려간 우리는 도로에 올라 다시 차를 몰았다. 협곡의 절벽이 점점 사라지고, 대신 둥글고 부드러운 형태의 바위 언덕들이 길을 따라 이어졌다. 길에는 체컬보드 메사(Checkerboard Mesa)라는 독특한 바위도 있었다. 이름처럼 격자 모양으로 갈라지고 깎인 무늬가 가득한 바위였다.

이 지역에는 독수리가 하늘에서 활공하는 모습을 쉽게 볼 수 있었다. 자이언의 절벽은 높은 곳에 둥지를 틀고 활공하는 습성이 있는 독수리나 콘도르 같은 대형 맹금류들이 살기 좋은 곳이라고 한다. 유유히 흐르는 버진 리버는 독수리의 먹이가 되는 초식동물이 살기 좋은 곳이기도 하다. 건조한 사막인 줄 알았던 자이언도 눈여겨보면 수많은 생명체가 살고 있는 곳이었다.

체커보드

10장

지구의 인내가 빚어낸, 아치스 국립공원

① 거대한 창문, 밸런스 바위와 더 윈도즈 트레일
② 길을 잃고 싶다면, 파이어리 퍼니스
③ 악마의 정원, 더블 아치와 데블스 가든
④ 더할 나위 없이 만족스러운 저녁 트레킹, 델리키트 아치

유타주 동쪽의 모아브 인근의 아치스 국립공원은 붉은 암석으로 이루어진 사막 지역이다. 이곳의 아치들은 엔트라다 사암층과 나바호 사암층이 오랜 세월 물과 바람, 온도 차에 의한 풍화로 깎여나가면서 단단한 부분만 남아 형성된 것이다. 가장 유명한 델리키트 아치는 공원의 상징과 같은 아치다. 그 외에도 랜드스케이프 아치, 더블 아치 등 2,000개가 넘는 아치가 공식적으로 확인되었다. 이 독특한 지형을 보호하기 위해 1971년 국립공원으로 지정되었다.

※꼭 알아야 할 팁

1. 시간 지정 입장권(Timed Entry Ticket) 사전 예약하기

    4월 1일부터 10월 31일까지는 방문하기 한 달 전에 미리 입장권을 구매해야 한다. 일주일 전이나 하루 전에도 입장권을 구매할 수 있지만, 원하는 시간대의 티켓이 매진될 가능성이 크다. 입장권의 가격은 하루 2달러이며, 이는 국립공원 입장료와는 별도로 부과되는 비용이다.

    우리는 성수기가 지난 8월 말에 방문했는데도 아침 티켓은 대체로 매진이었다. 오전 7시 이전, 혹은 오후 4시 이후에 입장하거나 파이어리 퍼니스 트레킹 투어를 예약한 사람은 예약 없이 입장할 수 있다.

2. 파이어리 퍼니스 예약하기

레크리에이션 앱을 통해 예약 가능하다. 방문 몇 달 전에는 전체 인원의 일부만 예약받고, 현지 방문객이나 일정이 유동적인 여행자를 위해 남겨둔 좌석은 일주일 전에 푼다. 따라서 예약을 놓쳤더라도 일주일 전에 다시 시도해 볼 기회가 있다.

파이어리 퍼니스는 사전에 교육을 들어야 입장할 수 있다. 교육을 듣고 나면 허가증과 주차증을 준다. 허가증 없이 트레킹하면 최대 500달러의 벌금과 6개월의 징역에 처한다.

천연 미로와 같아 길을 잃을 수 있으므로 구글맵에서 미리 오프라인 지도를 다운로드하면 길을 잃었을 때 유용하게 사용할 수 있다.

3. 원주민 암각화 찾아보기

델리키트 아치 입구에서 문화유산인 울프 랜치 암각화를 볼 수 있다. 모아브 관광청 홈페이지에서 암각화에 대한 정보를 제공한다. 홈페이지에서 숙박이나 자전거 타기, 래프팅, 암벽등반 등 다양한 활동 정보도 제공한다.

암각화 정보

거대한 창문,
밸런스 바위와 더 윈도즈 트레일

밸런스 바위 ☆☆☆☆☆
더 윈도즈 트레일 ★☆☆☆☆

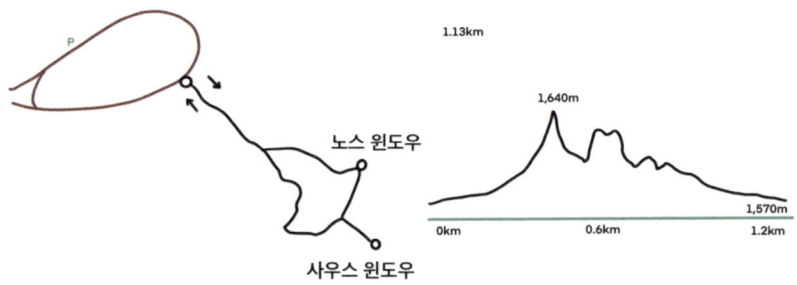

날이 잔뜩 흐렸다. 여행 내내 제대로 쉬지 못해서 숙소로 가서 쉬고 싶었는데 남편과 아들은 가고 싶은 곳이 어찌나 많은지.

"지금이 5시 반이니까 밸런스 바위(Balanced Rock)에 갔다가 더 윈도즈 트레일(The Windows Trail)을 걸으면 저녁 먹을 때는 숙소에 도착할 수 있을 것 같은데."

남편의 기대감은 늘 피곤함을 이겨냈다. 우리는 창문을 열고 시원한 바람을 맞으며 도로를 빙글빙글 올랐다. 기묘한 모양의 바위들이 도로 양옆으로 늘어서 있었다. 난생처음 보는 신비한 풍경이었다. 밸런스 아치에 가까워질수록 거대한 바위가 보이는 풍경은 평평한 황무지로 바뀌었다. 황무지에는 키 작은 나무들이 자랐고 거대한 바위들이 드문드문 솟아 있었다.

그중에서 유난히 눈에 띄는 바위가 있었다. 커다란 바위 위에 커다란 바위가 아슬아슬하게 놓여 있는 바위였다. 안내판을 확인하지 않아도 '밸런스 바위'라는 걸 알 수 있었다. 바위는 원주민 신화 속 거대한 머리 괴물 같기도 했고, 이스터 섬의 모아이 석상 같기도 했다.

언제나 힘이 넘치는 아이들 차가 멈추자마자 바위 아래까지 뛰어갔다. 아이들을 따라 차에서 내리자, 낮 동안 달구어졌던 콘크리트의 열기가 훅 덮쳤다. 바위가 너무 거대해서인지 바위 아래에 서서 나를 향해 손을 흔드는 아이들이 손톱만큼 작아 보였다.

밸런스 바위는 거대한 두 바위기둥 사이의 연결 부분이 상대적으로 얇고 약한 구조를 이루고 있다. 아치스 국립공원의 다른 아치들과 마찬가지로, 이 바위도 바람과 물에 의해 오랜 시간 침식되면서 형성되었을 것이다. 특히 가운데 부분의 소금기 있는 퇴적암층이 그 위에 놓인 단단한 암석과 달리 비와 바람에 쉽게 깎였을 가능성이 컸다. 밸런스 바위의 기묘한 형상을 보니 윈도즈 아치까지 꼭 보고 싶어졌다. 피곤함은 언제인지 모르게 싹 사라져 버렸다.

밸런스 바위

윈도즈 아치

우리는 다시 차를 타고 더 윈도즈 트레일로 갔다. 윈도즈 아치는 이름처럼 가로로 긴 거대한 바위에 창문 같은 구멍이 뚫려있는 아치 두 개가 나란히 놓여 있는 곳이었다. 두 개의 아치는 안경처럼 보인다고 해서 '스펙테클스(The Spectacles)'라고 불리기도 한다. 그중에서 북쪽에 있는 것이 노스 윈도(North Window), 남쪽에 있는 것이 사우스 윈도(South Window)다.

노스 윈도 아래까지 이어진 트레일은 편도 0.8km의 넓고 포장된 흙길이었다. 트레일에는 인도계 일가족이 있었다. 인도계 여자들이 입고 있었던 인도 전통 의상인 사리는 언제 봐도 붉은 협곡과 잘 어울렸다. 우리는 트레일을 따라 앞서거니 뒤서거니 걸었다. 노스 윈도우를 통과해 바라본 곳에는 라 살 산맥이 어우러진 광활한 사막이 펼쳐졌다. 사막, 바위, 산이 먹구름 낀 하늘과 어우러졌다. 비 오기 전에 불어오는 습한 공기를 가득 들이마셨다. 딱 이 순간을 위해 여길 온 것 같았다.

일기 예보대로 비가 오기 시작했다. 바람을 타고 빗방울이 날렸다. 우리는 벽처럼 우뚝 서 있는 아치 뒤에서 비를 피했다. 함께 비가 그치길 기다리던 인도계 가족은 먼저 주차장으로 뛰어가고, 아치 앞에는 우리 가족만 남았다. 비는 그칠 기미가 없이 더 거세졌다. 우리는 주차장까지 뛰어가기로 했다. 나는 고개를 치켜들고 빗물을 받아먹었다. 아이들도 빗물을 받아먹으며 깔깔 웃었다. 우리는 홀딱 젖은 채 차로 돌아갔다.

아치스 국립공원에는 '아치스'라는 이름에 걸맞게 2,000개가 넘는 아치들이 있다고 한다. 아치들 외에도 지느러미라는 뜻의 핀(fin)과 브라이스 캐니언에서 볼 수 있는 후두들도 볼 수 있다. 왜 아치스 국립공원에는 이렇게 특이한 아치들이 많은 걸까? 같은 궁금증을 가진 사람들이 많은지 아치스 국립공원의 안내 신문에 '왜 아치스 국립공원에 이렇게 아치가 많은 걸까요?'라는 질문에 대한 답이 한 면 가득 쓰여 있었다.

몇억 년의 시간을 줄여서 말해보자. 소금층 위로 모래와 진흙이 쌓인 단단한 바위층에 눈이나 비가 스며들어 얼었다 녹기를 반복하면서 쐐기 작용을 해서 틈을 점점 더 크게 만들었고, 커진 틈이 점점 커지면서 아치로 변했다.

아치는 그냥 보기만 해도 신기했는데, 만들어지는 과정마저 놀라웠다.

길을 잃고 싶다면, 파이어리 퍼니스

★★★★☆

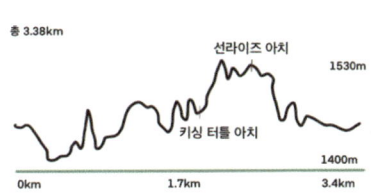

파이어리 퍼니스(Fiery Furnace)는 '핀(fin)'이라 불리는 지느러미 모양의 암석들이 빼곡히 모여 있는 천연 미로다. 암석 사이사이의 그늘지고 인적이 드문 곳에는 '생물 토양 암층(Biological Soil Crust)'이라 불리는 검은 흙이 있다. 이 흙은 사막 생태계에서 씨앗이 뿌리내릴 수 있도록 돕고, 침식을 막으며, 물을 저장하는 중요한 역할을 한다. 손톱만큼 자라는 데도 백 년이 넘게 걸리고, 한 번 훼손되면 회복에 50년에서 250년까지 걸리기 때문에 국립공원은 방문객 수를 엄격히 제한해 그 흙을 보호한다.

치열한 예약 경쟁을 뚫고 예약에 성공한 파이어리 퍼니스에 가는 날이었다. '파이어리 퍼니스*(Fiery Furnace)*'를 한국어로 번역하면 '끓는 용광로'라는 다소 무시무시한 이름이 된다. 이름과는 다르게 파이어리 퍼니스에는 검은 이끼, 선인장, 주니퍼 나무, 개구리와 도마뱀 등 많은 생물이 살고 있다. 우리는 아침을 든든히 먹고, 물도 충분히 챙기고, 레인저가 말했던 큰일을 처리할 비닐봉지까지 챙겨서 파이어리 퍼니스로 향했다.

어제저녁 레인저는 왼쪽 내리막길에서 트레킹을 시작하는 것이 좋다고 했다. 레인저의 말대로 내리막길로 내려가니 어제 교육 영상에서 봤던 검은 흙무더기처럼 생긴 생물 토양 암층이 여기저기 있었다. 우리는 백 년이 걸려야 겨우 조금 자란다는 귀한 흙을 밟지 않도록 조심조심 걸었다. 도마뱀이 모래 위를 지나갔다. 사막은 생명이 없는 곳이라고 생각했는데 검은 흙이 머금고 있는 수분 덕분에 식물도 뿌리내릴 수 있었고, 도마뱀을 비롯한 다양한 동물들도 살 수 있었다.

생물 토양 암층

트레킹을 시작한 지 30분이 지나자, 모랫길은 사라지고 어디가 어딘지 모를 바윗길이 이어졌다. 문제는 바위에는 발자국이 남지 않는다는 점이었다. 군데군데 길을 알려주는 화살표가 군데군데 있었지만, 바위와 색이 비슷해서 찾기 힘들었다. 우리는 바위 사이를 탐방하다가 큰 바위로 가로막힌 막다른 곳에 이르렀다. 바위 위에서 천천히 내려오는 가족이 보였다. 앞장서서 내려오던 두 아들에게 물었다.

"저쪽에도 길이 있어요?"

"길이 있는 건 아니에요. 막다른 곳이지만 아름다워요."

그 말을 들은 딸은 바위 위로 기어 올라갔다. 부부의 아들이 딸을 향해 엄지를 치켜세웠다. 바위를 기어올라 도착한 곳은 움막처럼 움푹 들어간 바위로 막혀 있었다. 물이 고여있는 모래 옆으로 도마뱀의 발자국이 여기저기 찍혀 있었다. 바위 사이로 햇살이 한줄기 들어와 고인 물을 비췄다.

길이 아닌 곳을 가는 재미에 빠져서 한동안 화살표가 없는 길이 아닌 곳을 일부러 들어갔다. 길이 아닌 곳은 대체로 막다른 길이거나 더 이상 앞으로 갈 수 없는 낭떠러지였다. 낭떠러지 다다르면 잊을 수 없는 풍경이 펼쳐졌다. 끝없이 펼쳐진 사막의 풍경이었다. 때로는 배낭을 메고는 지나갈 수 없는 좁은 바위 사이를 게걸음으로 지나기도 했고, 아무리 멀리 뛰어도 건널 수 없는 바위틈에 다다르기도 했다.

핀(Fin)의 틈

파이어리 퍼니스

지도 앱이 필요한 순간이 왔다. 레인저의 말대로 파이어리 퍼니스 안에는 화장실이 없었다. 우리 가족 외에는 아무도 없었지만, 바위 위에 볼일을 해결하는 건 내키지 않았다. 인공위성과 문명의 도움을 받기로 하고 지도 앱을 열었다. 당연히 인터넷 신호는 잡히지 않았다.

남편은 전날 밤 미리 위성사진을 확인해 두었다. 지도를 다운로드하지는 않았지만, 검색했던 위성사진의 흔적이 남아있었다. 만약 그마저도 없었다면, 우리는 4시간이 넘도록 길을 헤매다가 '탈출'하듯 빠져나왔거나, 탈출에 실패했다면 위성 긴급 구조 요청 기능을 사용했을지도 모른다. 그것도 나름대로 하나의 추억이 되었겠지만.

악마의 정원,
더블 아치와 데블스 가든

더블 아치 ☆☆☆☆☆
랜드스케이프 아치까지 걸었을 때 ★★☆☆☆
데블스 가든 종점까지 걸었을 때 ★★★★★

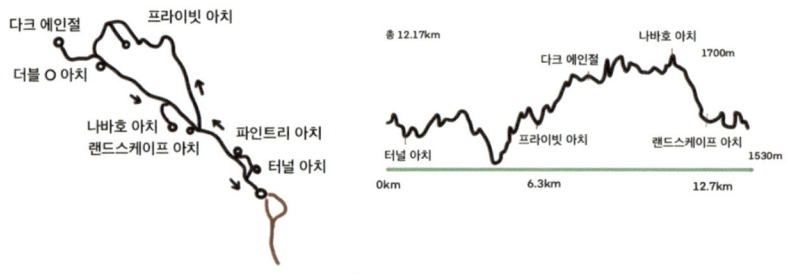

파이어리 퍼니스 트레킹을 마치니 정오였다. 가장 더운 시간인 정오에 데블스 아치(Devils Garden)를 걷는 건 무모한 일이었다. 가장 더운 8월에, 사막 기후인 곳에서, 그늘 한 점 없는 트레일을 걷는 건 아이들에게는 말할 것도 없고 어른이라도 쉽지 않다. 우리는 숙소로 가서 쉬었다가 그늘이 생기는 오후 4시 무렵에 데블스 가든에 갔다.

우리는 트레일 끝까지는 가지 않고 왕복 약 2km 길이의 랜드스케이프 아치(Landscape Arch)까지만 돌아보기로 했다. 데블스 가든에 할애할 수 있는 시간은 2시간 남짓이었다. 일몰은 델리키트 아치에서 보기로 했기 때문에 체력을 아껴야 했다.

"더블 아치에 들렀다가 갈까? 어차피 가는 길인데."

더블 아치는 윈도즈 트레일 맞은편에 있는 아치다. 어제저녁, 윈도즈 아치 트레일에 갔다가 가보려고 했지만, 비가 오는 바람에 들리지 못했다. 더블 아치 트레일은 800미터 남짓한 거리로, 윈도즈 아치 트레일처럼 걷기 편한 흙길이었다. 더블 아치는 큰 아치와 작은 아치가 나란히 이어져 있어, 마치 서로를 감싸 안고 있는 듯한 인상을 주었다. 이곳은 델리키트 아치, 메사 아치와 더불어 사진작가들이 즐겨 찾는 곳이라고 한다. 두 아치 사이로 별이 빛나는 밤하늘은 사진작가가 사랑하는 프레임이다.

더블 아치 트레일

나는 데블스 가든이라는 이름이 악마의 불처럼 뜨거운 사막의 열기에서 유래했다고 생각했다. 하지만 그런 이름이 붙은 이유는 핀(Fins, 길쭉한 암석 기둥), 아치(Arch), 스페이어(Spire, 첨탑 같은 바위)가 마치 악마가 심어놓은 정원처럼 비현실적이고 초현실적인 풍경을 자아내기 때문이라고 한다. 정말 입구부터 상어 지느러미처럼 생긴 크고 기괴한 바위들이 촘촘히 이어져 있었다.

우리는 터널 아치(Tunnel Arch)와 파인 트리 아치(Pine Tree Arch)를 지나 공원 내에서 가장 긴 랜드스케이프 아치(Landscape Arch)로 향했다. 랜드스케이프 아치는 파란 하늘 아래에 무지개다리처럼 놓여 있었다. 위태롭게 끊어질 듯한 돌덩이가 아슬아슬하게 걸쳐져 있는 풍경이라니. 가장 얇은 곳의 두께는 1.8m에 불과하다.

랜드스케이프 아치

랜드스케이프 아치는 1991년 1월에 일부가 붕괴했다고 한다. 그때 주변의 모든 사람이 깜짝 놀랄 만큼 큰 천둥소리가 났다고 한다. 남아있는 아치도 언제 붕괴할지 누구도 예측할 수 없었다. 그래서 안전을 위해 울타리로 막아둬서 가까이 갈 수는 없었다. 몇 년, 혹은 몇십 년, 몇백 년이 될지는 모르겠지만 아슬아슬하게 서 있는 아치는 언젠가는 바위가 되고 모래가 될 것이다.

더할 나위 없이 만족스러운 저녁 트레킹, 델리키트 아치

★★☆☆☆

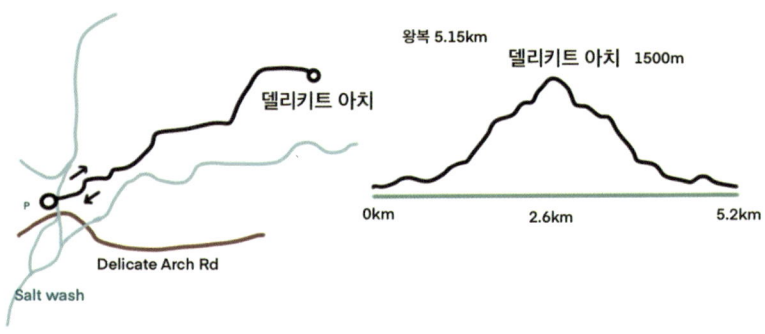

유타주에는 국립공원이 다섯 군데나 있다. 아치스 국립공원, 브라이스 캐니언, 캐니언 랜드, 캐피톨 리프 국립공원, 자이언 캐니언이다. 이렇게 유명한 국립공원들이 다섯 군데나 있지만 유타주를 상징하는 것은 델리키트 아치(Delicate Arch)다. 유타주 자동차 번호판에 델리키트 아치가 그려져 있는 걸로 알 수 있다. 우리 가족이 델리키트 아치를 트레킹하기로 한 이유는 단순했다. 유타의 자동차 번호판에 등장할 만큼 중요한 장소라면 직접 걸어 보고 싶었다.

자동차 에어컨 바람으로 땀을 식히며 델리키트 아치의 트레일 입구인 울프 랜치(Wolf Ranch)에 도착했다. 저녁으로 준비해 갔던 계란 소시지 덮밥을 먹고 차에 앉아 쉬었다. 트레일은 왕복 5km로 짧은 거리였고 일몰까지는 두 시간 정도 남았으니, 시간이 충분하다고 생각했다. 실수였다. 여유를 부리려거든 정상에 올라가서 부려야 했다.

밝았던 하늘이 급속도로 어두워졌다. 마음이 급해졌다. 산이 많은 한국은 산 너머로 해가 넘어가면서 하늘이 서서히 어두워진다. 여전히 한국에 익숙한 나는 해가 지평선 너머로 넘어가면 갑자기 캄캄해지는 것이 익숙하지 않았다.

울프 랜치 주변 바위에는 아직도 원주민들의 암각화가 남아있다고 들었지만, 찾아볼 겨를도 없이 트레일을 달리듯 걸었다. 키 작은 관목을 지나고 고운 모래가 덮여 미끄러운 바위를 넘었다. 평평한 돌바닥은 꽤 미끄러웠다. 등산화를 산 건 정말 신의 한 수였다. 해가 점점 기울어 가는 모습은 선명했지만, 정작 아치는 아직 보이지 않았다. 마음이 급해졌다. 미끄러운 바위를 지나자, 산길이 좁아졌고, 협곡을 따라 구불구불한 길이 이어졌다. 오르막길을 걷다 달리기를 반복하다 보니 나와 남편은 숨이 차서 헉헉거렸다. 그런데 아이들은 힘든 기색 하나 없이 노래까지 부르며 길을 걸었다. 여행이 길어지면 지칠 법도 한데, 트레킹에 단련이 되어서 체력이 좋아졌는지 지친 기색도 없었다. 정신없이 걸었더니 평균 한 시간이 걸리는 길을 40분 만에 도착했다.

짙은 푸른색으로 어두워진 하늘에는 반달이 빛나고 있었다. 그 아래로 웅장한 델리키트 아치가 우뚝 서 있었다. 아치 위에는 작은 샛별이 반짝였다. 하늘이 조금씩 붉어지면서 어느덧 아치는 주황색으로 물들었다. 아무

말도 주고받을 수 없었다. 조잘거리던 딸마저 조용해졌다. 우리는 그저 바위처럼 가만히 서서 저녁노을을 바라보고 또 바라봤다. 꽤 지친 데다가 온몸이 땀과 먼지로 뒤범벅이 되었지만, 더할 나위 없이 만족스러웠다.

델리키트 아치 아래에는 아치를 배경으로 사진을 찍으려는 사람들이 줄을 서 있었다. 나도 얼른 줄을 섰다. 줄을 서지 않으면 델리키트 아치 아래에 서 있을 기회가 없을 것 같았기 때문이다. 열린 창처럼 시원하게 트인 아치에서 얼굴을 때리는 바람을 맞으며 아찔할 만큼 깊고 거친 사막 협곡을 내려 봤다. 아치 아래에 서보지 않았다면 결코 마주하지 못했을 장관이었다. 멀리서 아치를 봤을 때 아치 아래에 서 있는 사람들은 아치가 얼마나 큰지 일깨워 주는 척도가 됐다.

델리키트 아치는 자연이 만든 거대한 원형극장 같았다. 아치는 무대였고, 아치 옆으로 둥글게 이어진 계단식 바위는 사람들이 앉을 수 있는 좌석이었다. 사람들은 바위에 앉아서, 바위를 걸으며 아치를 바라봤다.

"일몰 때 안 왔으면 후회할 뻔했지?"

"안 왔으면 이런 풍경인 줄 몰랐으니 아쉽지도 않았겠지."

아들이 딱 잘라 대답했다. 요즘 유행하는 MBTI로 따져보면 'T*Thinking* 사고형*)* 스타일인 것이 분명했다.

해가 협곡 아래로 들어가 붉게 빛나던 아치도 천천히 빛을 잃고 어둠에 묻힐 때쯤 사람들은 하나, 둘 자리를 떴다. 우리도 아치를 내려가기로 했다. 어느덧 사막은 어둠 속에 잠겼다. 어둠이 내려앉은 사막은 낮과는 다른 매력이 있었다. 검지만 한 박쥐들이 내 머리를 스쳐 날아갔고 귀뚜라미는

찌르르 찌르르 울었다. 사박사박 모래를 밟는 소리, 조곤조곤 이야기하고 웃는 소리, 아이들이 작게 노래하는 소리가 들렸다. 마치 자연이 우리에게 소곤소곤 마법을 부리기라도 한 듯 모두 작은 목소리로 이야기했다.

  그날 가장 좋았던 순간이 언제였냐고 묻는다면 나는 캄캄한 밤길을 걸었던 그때라고 말할 것 같다. 캄캄해서 눈이 아닌 소리에 의존해야 했을 그때, 사람들의 소리에서 함께 걷는 가족, 친구에 대한 애정을 느낄 수 있었다. 나중에는 발치 앞도 보이지 않아 휴대폰으로 길을 비추며 걸어야 했다. 아이들은 이렇게 캄캄한 길을 걷는 건 처음이라며 신이 났다. 우리는 서로를 챙기며 사막의 밤길을 걸었다.

  그랜드 티턴이나 글레이셔에서는 곰과 마주칠 수 있는 늦은 시간에 산을 걷는 건 위험한 일이었다. 밤길을 걷는 건 사막이라서 누릴 수 있는 호사였다.

델리키트 아치

11장

콜로라도강과 그린 리버가 만나는, 캐니언 랜드

① 해를 기다리듯이, 메사 아치
② 긴 침묵 끝에 만난 풍경, 그랜드 뷰 포인트 트레일

"세상에서 가장 기이하고 멋지며 마법 같은 곳. 어디에서도 이와 같은 곳을 찾을 수 없다."
_환경 보호론자이자 작가, 에드워드 애비(Edward Abbey)

유타주에 있는 5개의 국립공원 중 가장 규모가 큰 곳은 캐니언 랜드 국립공원이다. 캐니언 랜드 국립공원의 총면적은 약 1,366.21km²로 서울의 2배보다 넓다고 한다. 로키산맥에서 시작해 미국 남서부를 관통하는 콜로라도강과 와이오밍의 윈드리버산맥에서 시작해 유타를 지나 남쪽으로 흐르는 그린 리버가 캐니언 랜드 국립공원 안에서 만난다. 두 강은 콜로라도강이라는 이름으로 남고, 이후 그랜드 캐니언, 후버댐을 거쳐 멕시코만을 향해 흐른다. 캐니언 랜드는 '메사 아치'의 일출 장면을 촬영한 미국의 사진작가 로드니 러프의 작품 'Desire'가 윈도우7의 바탕화면에 사용되면서 더 유명해진 곳이기도 하다.

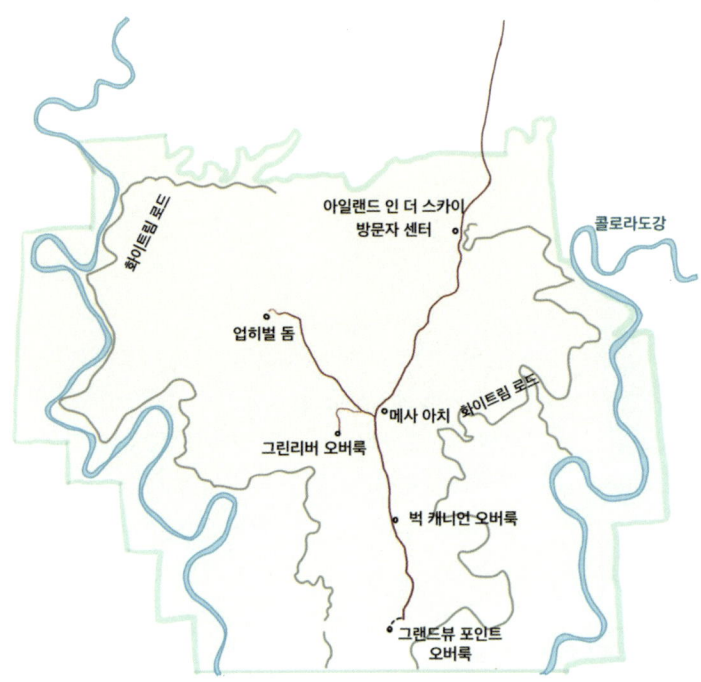

※ 꼭 알아야 할 팁

1. 미리 주유하기

　공원 경계 내에는 주유소나 편의점이 없으므로 메이즈 캐년 또는 공원의 오지를 탐험하려면 먹을 것을 준비하고, 연료 탱크를 가득 채우는 것이 좋다.

2. 물을 충분히 챙기기

　캐니언 랜드에는 믿을만한 수원이 없으므로 트레킹을 할 때 물을 충분히 챙기자. 여름철 협곡 하이킹 시, 평소보다 두 배의 열량이 소모되므로 염분이 있는 고칼로리 간식을 준비하자.

3. 피크닉 즐기기

　탁 트인 화이트 림을 바라보며 피크닉 하는 것도 잊지 못할 추억이 된다. 테이블마다 개별 주차장과 그늘막이 있어서 오붓하게 식사를 즐길 수 있다.

4. 오프로드 로드트립하기

캐니언 랜드는 트레킹할 수 있는 곳이 적다. 지형이 험하고 광활해서 트레킹보다는 사륜구동차량을 이용해 로드트립을 즐기는 경우가 많다. 아일랜드 인 더 스카이(Island in the sky)의 화이트 림 로드(White Rim Road)는 인기 있는 로드트립 장소다. 화이트 림 전체를 돌면 이삼일이 걸린다고 한다. 렌트 차량은 운전이 포장도로 제한된 경우가 있으므로 계약서를 꼼꼼히 확인해야 한다. 국립공원 내부에는 주유소가 없으니, 연료는 미리 가득 채워야 한다. 견인 비용이 1,000달러를 초과할 수 있기 때문이다.

해를 기다리듯이, 메사 아치

★☆☆☆☆

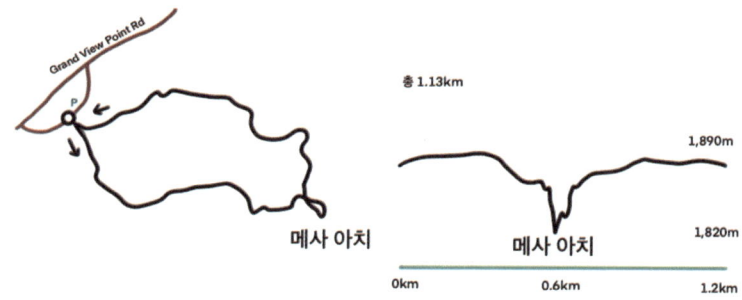

모아브에서 가장 하고 싶었던 두 가지는 메사 아치에서 일출 보기, 델리키트 아치에서 일몰 보기였다. 전날 저녁 일몰을 봤으니 이제 일출을 보는 일만 남았다. 하지만 장애물은 남편과 아들이었다. 둘 다 세상에서 둘도 없는 야행성이기 때문이었다.

"엄마, 일출은 이제 충분하지 않아?"

"내일은 너 생일이잖아. 일찍 일어나면 더 긴 하루를 보낼 수 있어."

아들은 솔깃한지 고개를 끄덕였다.

일몰과 일출 보기를 몇 번. 별 집착증에 이어 해 집착증이 있는 건 아닌

지 의심이 된다. 해가 지고 다시 떠오르는 건 그저 반복되는 자연의 순환일 뿐이다. 하지만 그때가 특별한 건, 그 순간이 유난히 아름답기 때문이다. 아름다운 것을 볼 수 있을 때 많이 보고 싶다. 무엇보다 아이들에게 아름다운 것을 많이 보여주고 싶다.

 숙소에서 메사 아치까지는 50km가 조금 넘는 거리여서 적어도 새벽 4시 반에는 일어나야 했다. 어제 밤늦게까지 수영하다가 자정이 되어서야 겨우 잠이 든 남편과 아이들은 일어날 줄을 몰랐다. 행여나 알람을 못 들을까 봐 밤새 잠을 설쳐가며 일출을 기다리던 나만 잠꾸러기들을 깨우느라 안절부절못했다.
 동트기 전이 가장 어둡다는 말은 정말이었다. 가로등도 없는 캄캄한 도로에서 우리 차의 전조등만 어둠을 비췄다. 상현달 때라 새벽하늘에는 달빛도 없었다. 한국에서는 별을 보기 힘들었는데, 미국 국립공원에서는 하늘 가득 별이 쏟아졌다.

 6시, 주차장에 도착했다. 어슴푸레 회색빛을 띤 하늘은 해가 곧 떠오르리라는 기미가 역력했다. 발걸음을 재촉하니 십 분 만에 메사 아치에 도착할 수 있었다. 이른 아침부터 부지런을 떨었는데, 더 부지런한 사람이 있기 마련이다. 몇몇은 아치 앞에 삼각대를 설치하고 엎드려 있었다. 빈 컵라면 용기와 부스스한 모습을 보니 여기서 밤을 지새운 것 같았다. 우리는 아치를 가리지 않기 위해서 아치 뒤 큰 바위 위에 올랐다.
 메사는 스페인어로 '탁자'를 뜻하며, 꼭대기는 평평하고 주위는 벼랑인 지형이다. 일반적으로 메사는 작은 마을도 얹을 수 있을 만큼 넓은 고지대

지형을 의미한다. 메사 아치는 '탁자'라는 뜻만 가져온 것 같다. 높이 1.5m인 나지막한 아치에 불과했기 때문이다.

구름이 장밋빛으로 변해가더니 태양이 불쑥 솟았다. 태양은 깊은 화이트림 침식지를 물들이며 깊은 협곡 안에 그림자를 만들었다. 우리는 메사 아치 사이로 태양이 보이도록 각도를 조정하고 휴대폰 배경 화면으로 쓸 가족사진을 찍었다.

방문자 센터도 두 시간을 기다려야 문을 열었고, 어제 아치스 국립공원에서 일몰을 보고 늦게 잠들었는데 일출을 보느라 새벽같이 일어났더니 피곤하기도 했기 때문에 숙소로 돌아가기로 했다. 우리는 암막 커튼을 드리우고 정신없이 잤다. 좀 쉬었더니 다시 햇빛과 싸우며 트레킹 할 체력이 충전됐다. 이제 모아브에서 방문할 마지막 트레일인 캐니언 랜드로 다시 출발할 시간이었다.

"메사 아치에 또 가야 할 것 같은데."

남편은 호텔 카드 열쇠를 메사 아치에서 잃어버린 것 같다며 아치로 다시 올라가 보자고 했다. 잃어버려도 상관없다고 말렸지만, 혼자라도 다녀오겠다며 굳이 메사 아치로 향했다. 아빠가 간다고 하니 아이들도 따라나섰고 나도 같이 가기로 했다. 결국 가족 모두 메사 아치에 올랐다.

메사 아치로 다시 오르는 길목에서 새벽에는 미처 보지 못했던 이끼와 뒤틀린 나무, 그리고 층층이 쌓인 지층을 발견했다. 새벽과는 달리 아치 앞에는 아무도 없었다. 구름 한 점 없는 하늘과 메사 아치와 건조한 공기, 적막을 우리 가족 넷이서만 오롯이 즐길 수 있었다. 정오의 태양 아래에서는 아치 뒤 화이트 림 아래에 넓게 트인 협곡이 잘 보였다. 해가 막 뜰 때는 온순해 보였던 화이트 림은 정오의 햇빛 아래에서는 야생적인 느낌이 들었다. 물결 모양으로 복잡하게 침식된 사암 지형의 위쪽에는 그나마 낮은 관목이라도 있었지만, 낮은 곳은 풀 한 포기 자라지 않았다. 그만큼 건조한 곳이었다.

메사 아치는 아치스 국립공원의 델리키트 아치를 비롯한 거대한 아치들과 비교하면 상당히 작은 아치다. 사람 몇이 앉으면 구멍을 막을 수 있을 정도다. 하지만 태양과 아치 아래의 광활한 화이트 림을 바라볼 수 있는 최적의 프레임이다. 시간이 허락한다면 미리 허가를 받고 사륜구동차를 이용해 화이트 림을 탐험하는 것도 추천한다.

어제는 델리키트 아치에서 해가 지는 것을 바라봤다. 오늘 새벽에는 메사 아치에 올라 일출을 바라봤고, 정오에 또다시 메사 아치에 올랐다. 지금껏 해가 어떻게 저물고, 솟아오르고, 하늘 높이 떠 있는지 제대로 보지 못하고 살아왔다는 생각이 들었다. 바쁘다는 핑계와 조바심 때문에 놓치고 살았던 것들이었다. 나는 아이들을 대하는 것도, 다른 사람을 대하는 것도 해를 기다리듯 대하기로 다짐했다.

메사 아치의 일출

2부 여름, 트래킹과 한 걸음 더 가까워지다

정오의 메사 아치

긴 침묵 끝에 만난 풍경, 그랜드 뷰 포인트 트레일

★★★☆☆

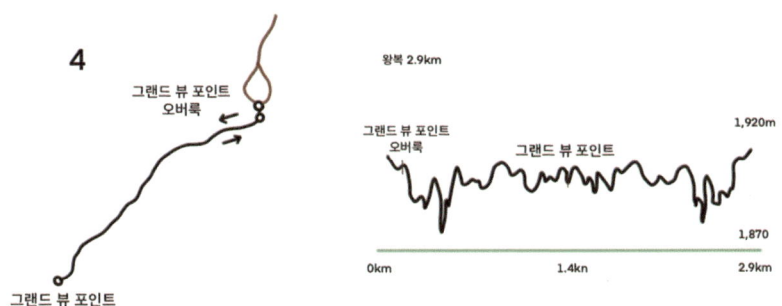

우리는 그린 리버 포인트로 가서 준비해 갔던 점심을 먹었다. 그린 리버 포인트에는 지붕이 있는 피크닉 장소가 있고, 각각의 테이블마다 주차장도 있었다. 우리가 준비한 음식은 간단했다. 즉석밥, 보온병에 담아간 뜨거운 물로 데운 건조국, 계란, 샐러드가 전부였다. 이렇게 간단히 식사했기 때문에 식비를 많이 절약할 수 있었다. 자연은 식사 가격의 15퍼센트에서 20퍼센트나 되는 팁도 받지 않는다.

점심을 먹고 해발 1,853m의 그랜드 뷰 포인트 (Grand View Point Trail)로 향했다.

그랜드 뷰 트레일은 협곡 가장자리에서 호스슈 메사(Horseshoe Mesa)까지 가는 왕복 4km의 1시간 반에서 두 시간 정도 걸리는 트레일이다. 문제는 그늘 한 점 없는 사막을 오후 2시에 트레킹한다는 점이었다. 우리는 얼굴과 목에 선크림을 바르고 팔에는 팔토시를 끼고 모자를 단단히 눌러썼다.

국립공원관리청에 의하면 이 트레일은 호스슈 메사의 구리 광산과 협곡 상단을 연결하기 위해 개발되었다고 한다. 하지만 구리 광산의 경제성 하락으로 1900년대 초반부터는 광부들보다 관광객들이 더 많이 찾는 곳이 되었다.

트레일은 시작부터 가팔랐고 절벽에 노출된 구간이 이어졌다. 우리는 협곡을 따라 난 구불구불한 길을 내려갔다. 길은 대부분 돌길이었지만 침식이 일어난 곳도 있어서 미끄러지지 않게 조심해야 했다. 이런 곳에 식물이 자라는가 싶지만, 바위틈 사이에 선인장과 작은 침엽수가 자라고 있었다.

걸어도 걸어도 제자리걸음을 하는 것 같았다. 회색 바위는 해를 반사해 눈을 찔러댔고, 온몸에서 땀이 흘렀다. 화이트 림 침식지에는 브라이스 캐니언에서 본 것 같은 뾰족하게 솟은 후두가 솟아있었다. 더위와 싸우며 한 발 한 발 걷다 보니 결국은 목표 지점에 도착하게 됐다. 우리는 우뚝 솟아 있던 높은 바위 위를 기어올랐다. 콜로라도강과 그린 리버가 한눈에 들어왔다. 남쪽으로는 니들즈 지역의 뾰족한 봉우리들이, 남서쪽으로는 메이즈 지역의 거친 지형이 시야를 가득 채웠다. 끝없이 펼쳐진 협곡의 풍경을 마주하니, 더위에 찌들었던 피곤함이 사라졌다. 탁 트인 광경에 가슴이 뻥 뚫리는 것 같았다.

성 아우구스티누스는 "세상은 책이다. 여행하지 않은 사람은 기껏해야 한 줄의 글을 읽은 사람에 불과하다."라고 했다. 이 단순한 '걷기'는 세상으로 깊숙이 들어갈 수 있는 여행이었다. 차가 닿지 않는 곳, 사람의 손이 닿지 않는 곳에 들어갈 방법은 '걷기' 외에는 없었다. 이제는 트레킹을 싫어하는 딸도 '걷기'에 익숙해지고 있었다. "거리가 얼마나 되는데?"라고 물으며 트레킹을 준비하는 여유까지 생겼다. 의도치 않았지만, 아이들은 인내를 배웠다. 걷기 싫었던 길도 목표했던 곳까지 걷다 보면 결국은 끝이 보인다는 것도 알게 됐다.

그랜드 뷰 포인트 끝에서 바라본 풍경

"아들의 생일이니까 특별한 음식을 먹자. 오늘은 외식이야!"

격식을 차리지 않아도 되는 편안한 곳을 찾다가 터키 음식점을 발견했다. 낯선 음식에 도전하는 것을 좋아하는 우리 가족은 호기심에 이끌려 터키 음식점으로 향했다.

인구가 5,000명 정도인 미국의 작은 도시, 모아브에서 터키인 일가족이 함께 가게를 꾸리고 있을 줄이야.

여자 점원에게 추천받은 소고기 케밥과 양고기 그릴, 샐러드, 어린이용 파스타를 주문했다. 점원은 산뜻하고 경쾌한 태도로 주문을 받았다. 음식도 기대 이상이었다. 양고기 특유의 냄새도 그렇게 심하지 않았다. 4인 가족이 먹었는데도 100달러가 넘지 않았는데 맛도 있다니! 일출로 하루를 시작해서 트레킹을 하고, 맛있는 터키 음식점으로 마무리했던 하루. 이 정도면 아들에겐 최고의 생일이 아니었을까.

소고기 케밥

숙소로 돌아가려는데 천둥 번개가 치더니 또 비가 쏟아졌다. 차에서 아무리 기다려도 비가 멈추지 않아 꺅꺅 소리를 지르며 숙소로 달려갔다. 잠깐 사이에 온몸이 흠뻑 젖었다. 따뜻한 물로 씻고 소파에 기대 이야기를 나눴다. 맛있는 음식을 배부르게 먹고, 편안해 보이는 터키인 가족의 모습도 보고, 아이의 생일을 일출부터 저녁까지 마음껏 축하했더니 문자 그대로 '뿌듯했다'. 그렇게 모아브에서의 마지막 밤이 저물어 갔다.

모아브에 오는 사람들은 델리키트 아치와 메사 아치만 보는 경우가 많다. 우리 가족은 3일 동안 모아브에 머물면서 사막을 흠뻑 느꼈다. 고독하고, 조용한 곳을 좋아하는 사람이라면 모아브에 오래 머물기를 바란다. 사진을 찍는 것을 좋아하는 사람도, 자연 속에서 길을 잃고 싶은 사람도 마찬가지다. 단, 경찰이 도로를 자주 단속하니 안전운전은 필수다.

12장

도시의 명암,
솔트레이크시티

① 도시 전체가 쉬고 있었던, 템플 스퀘어
② 하늘과 땅이 닿아 있는 곳, 보네빌 소금 평원

솔트레이크시티는 유타주의 주도로, 로키산맥 서쪽에 있는 주요 도시다. 1847년 모르몬 개척자들에 의해 설립되었다. 모르몬교는 미국 동부 출신인 조셉 스미스 2세가 창시한 종교로 새로운 계시를 믿었다는 이유로 박해를 받았다. 2대 교주인 브리검 영은 신도를 이끌고 수천 킬로미터의 험난한 여정을 거쳐 로키산맥을 넘어 황량한 대지에 도착했다. 그들은 그곳을 개척해서 지금의 솔트레이크시티를 일구었다. 그래서 솔트레이크시티는 지금도 모르몬교인의 비중이 인구의 70% 이상이라고 한다. 솔트레이크시티는 2002년 동계 올림픽 개최지로 주목받았으며, 현재 유타주의 정치, 경제, 문화의 중심지 역할을 한다.

※ 꼭 알아야 할 팁

1. 일요일은 피하기
   일요일에는 템플 스퀘어 근처에 있는 대부분의 상점이 문을 닫는다. 그러니 방문 계획이 있으면 일요일은 피하는 것이 좋다.

2. 소금 평원 로드트립은 자제하기
   소금 평원 위를 차로 달리는 것이 로망일지도 모른다. 하지만 렌터카일 경우 업체에서 특수 세차비를 요구한다. 지인은 업체에서 특수 세차비로 300달러를 요구했다고 했다. 하부 세차까지 꼼꼼하게 하고 반납할 시간이 없다면 소금 평원 로드트립은 자제하는 것이 좋다.

3. 물놀이 신발과 선글라스 가져가기
   소금 결정 때문에 발을 다칠지도 모르니 물놀이 신발을 신는 것이 좋다. 소금에 햇빛이 반사되어 눈이 부시니 선글라스도 필수다.

도시 전체가 쉬고 있었던, 템플 스퀘어

아침 일찍, 우리는 모아브를 떠나 솔트레이크시티(Salt Lake City)로 향했다. 여행의 끝자락이었다. 차창 밖으로 펼쳐진 붉은 협곡과 드넓은 대지가 서서히 멀어지고, 익숙한 도시의 모습이 다가오고 있었다.

우리 가족의 여행은 8월 중순, 솔트레이크시티에서 시작되었다. 북쪽으로 향해 그랜드 티턴과 옐로스톤 국립공원을 지나, 먼 길을 달려 글레이셔 국립공원까지 갔다. 그리고 다시 남쪽으로 방향을 틀어, 유타주의 최남단에 있는 자이언 국립공원으로 향했다. 그 과정에서 솔트레이크시티를 두 번이나 거쳤지만, 도시를 깊이 들여다볼 기회는 없었다. 솔트레이크시티는 그저 하룻밤 쉬었다가 떠나는, 길 위의 쉼표 같은 곳이었다. 여행의 마지막 날, 우리는 비로소 솔트레이크시티를 둘러보기로 했다. 우리는 모아브에서 새벽 공기를 가르며 길을 나섰다. 이제 긴 여행의 마무리를 장식할 도시가 기다리고 있었다.

우리 가족이 솔트레이크시티의 템플 스퀘어에 도착했을 때는 정오 무렵이었다. 거리에는 인기척이 거의 없었다. 도시가 텅 빈 듯했다. 우리는 단지 영업하는 식당을 찾고 있었을 뿐인데, 길목마다 서 있던 경비들은 의심스러운 눈초리로 우리를 바라보았다.

"이쪽은 가면 안 되는 곳입니다."

경비원이 우리를 가로막았다. 하필 우리가 방문한 날이 일요일이라 경비원이 골목마다 지키고 있었다. 솔트레이크시티에는 모르몬 교인들이 70%가 넘는다고 하니, 그 중심인 템플 스퀘어가 텅 빈 건 당연할지도 모르겠다. 아무리 그래도 맥도널드나 버거킹, 스타벅스 같은 프랜차이즈마저 영업하지 않을 줄은 몰랐다. 결국 가방 속 과자로 허기를 달래며 솔트레이크 성전으로 발걸음을 옮겼다.

템플 스퀘어 내에 있는 솔트레이크 성전*(Salt Lake Temple)*은 내가 무척이나 기대했던 건축물이었다. 1853년부터 1893년까지 39년이라는 시간을 들여 완공한 이 건축물은 그 자체로 인상적이었다. 사진으로만 봤던 여섯 개의 뾰족한 첨탑과 섬세한 조각, 스테인드글라스 창문은 일부러 찾아와서 보고 싶었을 만큼 기억에 남았다. 그런데 이럴 수가! 솔트레이크 성전은 대대적인 수리 중이라 성전의 모든 면에 가림막이 둘러 있었다. 스테인드글라스는커녕 첨탑조차 볼 수 없었다.

여행하다 보면 이런 날도 있기 마련이다. 어차피 일부러 솔트레이크시티에 온 것이 아니고 집으로 돌아가는 비행기를 타기 위해 들른 곳이었으니, 너무 속상해할 필요는 없다고 생각했다. 아쉬운 마음은 조용히 삭이는 것이 좋다. 한두 번은 괜찮겠지만, 계속해서 "아깝다, 속상하다"라고 말하면 함께하는 사람의 기분까지 상하게 마련이니까.

우리 가족은 대 예배당*(Tabernacle)*으로 갔다. 대 예배당은 돔 형태의 지붕이 있는 옅은 회색 건물이었다. 대 예배당으로 들어가니 거대한 파이프 오르간이 정면에 보였다. 예배당을 둘러보고 있는데 한국인 신자가 다가와 건축물과 오르간에 대해 설명해 주었다.

"대예배당은 11,623개의 파이프가 있는 오르간의 거대한 울림통 역할을 해요. 돔 형태의 높은 천장은 소리를 공명시켜 더욱 풍성한 소리를 만들지요. 태버내클 합창단의 리허설이 가끔 열리는데 정말 아름다워요."

여기서 한국말을 듣게 될 거라고는 생각지도 못했다. 모르몬교의 포교 활동은 대단하구나 싶었다.

대예배당 오르간

더 이상 갈 곳이 없어서 숙소에 가기로 했다. 솔트레이크시티 주변부로 나갔을 때 영업 중인 맥도날드를 발견했다. 미국의 맥도날드 드라이브 스루 앞에는 늘 햄버거를 주문하려는 차량이 길게 늘어서 있다. 하지만 그곳은 이상하게도 텅 비어 있었다. 우리는 의아해하며 드라이브 스루로 진입했다.

주문을 받는 곳에는 마지막으로 씻은 게 언제인지 알 수 없을 정도인 남자가 우두커니 서 있었다. 그 남자는 우리 차를 보더니 느릿느릿 다가왔다. 순간 온몸에 솜털이 곤두섰다. 결국 우리는 서둘러 창문을 올리고 차를 돌렸다. 골목에는 모퉁이마다 노숙자가 있었다. 템플 스퀘어 근처에 그런 골목이 있을 거라고는 상상하지 못했다. 우리는 도시의 명암을 본 것 같았다. 깨끗하고 골목마다 경비원이 있는 템플 스퀘어, 템플 스퀘어 밖의 지저분한 골목과 노숙자들. 한쪽에서는 고요한 질서가 유지되고 있었고, 다른 한쪽에서는 삶의 무게가 그대로 드러나고 있었다.

하늘과 땅이 닿아 있는 곳, 보네빌 소금 평원

숙소에 도착해서 컵라면으로 늦은 점심을 해결했다. 배고픔이 가시니 또 엉덩이가 들썩거렸다. 집으로 돌아가는 비행기를 타기 전 마지막 저녁이었다.

"보네빌 소금 평원에 갈까?"

오후 4시라서 편도로 2시간 정도 걸리는 소금 평원까지 가는 것이 부담됐다. 그럴 때는 역시 다수결로 결정하는 것이 최고다. 우리 가족은 안 가서 후회하느니 피곤해도 소금 평원으로 가자고 만장일치로 결정을 내렸다.

우리가 도착하기 하루 전날이었던 토요일에, 솔트레이크시티에는 비가 많이 왔다고 한다. 전날 내린 비 때문이었는지 보네빌 소금 평원이 있는 서쪽으로 향하는 동안 무지개를 네 번이나 봤다. 무지개를 보니 역시 나가길 잘했다는 생각이 들었다.

1억 5천 년 전에는 보네빌 호수가 현재의 유타, 네바다, 아이다호 지역까지 이어졌다 한다. 이 호수는 빙하기가 끝나면서 점차 증발하여 현재의 그레이트 솔트레이크와 보네빌 소금 평원을 남겼다. 솔트레이크시티는 바로 이 그레이트 솔트레이크 동쪽에 자리하고 있다. 도로 양옆으로 끝없이 염

전이 펼쳐져 있었다. 지금도 보네빌 소금 평원에서는 산업용 소금이 채취되고 있다고 한다.

우리는 I-80 도로(Interstate 80)를 따라 서쪽으로 달려 네비게이션이 알려준 보네빌 평원에 도착했다. 오후 6시였지만 늦은 오후의 햇살이 흰 소금을 눈부시게 비추고 있었다. 나는 〈태어난 김에 세계일주〉라는 프로그램에서 봤던 우유니 소금 사막의 우기 때 모습을 보길 기대했다. 그 프로그램에서 봤던 소금 사막에서는 물이 고여 하늘과 땅이 하나가 된 듯한 광경이 펼쳐졌다. 보네빌 호수는 기대와 달리 푸석푸석한 소금밭뿐이었다. 두 시간이나 걸려서 왔는데 정말 아쉬웠다. 차마 발걸음이 떨어지지 않아 표지판을 천천히 읽어봤다.

표지판에는 스피드웨이에 대해 쓰여 있었는데, 맬콤 캠벨(Malcolm Campbell)과 크레이그 브리드러브(Craig Breedlove)의 기록이 인상 깊었다. 맬콤 캠벨은 1935년 9월 3일, "Blue Bird"라는 차를 타고 시속 301.337마일(≒485.6km/h)의 속도를 냈고, 크레이그 브리드러브는 자신의 차인 "Spirit of America"를 타고 시속 600.601마일(≒967.9km/h)의 속도를 기록했다고 쓰여 있었다.

"이왕 여기까지 온 거 스피드웨이에 가보자."

아이들도 숙소로 돌아가기 아쉬웠는지 고개를 끄덕였다. 스피드웨이는 100km 속도로 달려도 11분이 넘게 걸리는, 직선으로 쭉 뻗은 도로였다. 스피드웨이 끝에는 내가 기대했던, 진짜 소금 평원이 펼쳐져 있었다. 보네빌 소금 평원은 121.4㎢의 광활한 곳인데 왜 더 둘러볼 생각을 하지 않았을까.

소금 호수에는 발목까지 물이 고여있었다. 물이 고여 하늘과 구름이 그대로 반사되는 소금 평원을 걸으면 마치 하늘 위를 걷는 것 같았다. 마치 끝없이 이어지는 거울 속을 걷는 것 같기도 했다. 단, 맨발로 걷자니 발이 무지 아팠다.

　인생 사진을 남기기에는 소금 평원만 한 곳이 없다. 스피드웨이 끝에서 스피드카를 몰고 와서 사진을 찍는 것이 유행인지, 람보르기니, 페라리를 몰고 와서 사진 찍는 사람도 있었다. 빨간 드레스를 입고 사진을 찍는 여자가 있는가 하면, 턱시도 입은 남자와 흰 드레스 입은 여자가 웨딩사진을 찍기도 했다. 이렇게 로맨틱한 곳인 줄 알았다면 나도 옷을 준비해 갈걸.

보네빌 소금 평원

서쪽 하늘로 해가 지고 하늘이 분홍빛으로 물들었다. 이윽고 하늘은 깊은 푸른색으로 가라앉았다. 이제 17일간의 여행을 마무리하고 일상으로 돌아갈 시간이었다. 호텔로 돌아가는 차 안에서 나는 '우리 가족이 함께했던 시간을 글로 남겨야지.' 생각했다.

3부

여름과 가을, 역사 깊은 동부로 떠나자

지구의 시간을 담은 길 위에서

미국에 있는 일 년 반 동안 우리 가족은 동부 필라델피아에 살았다. 미국 서부는 광활하고 신비로운 자연을 느낄 수 있는 국립공원이 곳곳에 자리하고 있다. 낯설고 압도적인 스케일을 자랑하는 서부와는 달리 동부의 국립공원은 친숙하고 편안하다.

미국 동부는 뉴욕, 보스턴, 필라델피아, 워싱턴 D.C. 등 미국 정치·경제·문화의 중심지들이 있는 곳으로 미국의 문화, 역사, 도시를 보는 것이 주 활동이다. 동부의 도시를 여행하며 건축과 문화, 오랜 전통을 자랑하는 대학들과 박물관을 둘러보면 미국의 역사와 문화를 느낄 수 있다.

일 년 반 동안 미국에 체류하게 되었을 때 사실 서부가 아닌 동부에 살게 된 것이 내심 아쉬웠다. 그때 미국 동부의 뉴햄프셔로 이사 가게 된 작가 빌 브라이슨이 애팔래치아 산맥을 종주한 경험을 녹여낸 에세이인 『나를 부르는 숲』을 읽게 됐다. 책을 읽은 후 나는 놀라운 사실을 깨달았다. 애팔래치아 산맥은 바로 내가 살고 있는 펜실베이니아를 지나고 있었다! 나는 애팔래치아를 조금이라도 걸어보리라 다짐했다.

애팔래치아 트레일(Appalachian Trail, AT)은 미국 동부를 가로지르는 긴 트레일로, 조지아주의 스프링어 산(Springer Mountain)에서 시작하여 메인주의 카타딘 산(Mount Katahdin)에서 끝난다. 14개 주를 넘나드는 애팔래치아 트레일의 총길이는 약 3,500km이며, 완주하는 데에는 평균적으로 5~7개월이 걸린다.

우리 가족은 드디어 애팔래치아 트레일의 일부인 셰넌도어 국립공원으로 떠났다. 우리는 메인주의 아카디아 국립공원을 방문했고 사우스캐롤라이나의 그레이트 스모키 마운틴 국립공원도 방문했다. 그 외에도 펜실베이니아 블루리지에 있는 트레일도 몇 군데 걸었다. 땅속 무연탄에 붙은 불이 꺼지지 않아 더 이상 사람이 살지 않는 센트레일리아도 방문했다.

귀국을 앞두고 필라델피아에서 마이애미까지 로드트립 하며 콩가리 국립공원과 에버글레이즈 국립공원도 방문했다. 셰넌도어, 아카디아, 그레이트 스모키 마운틴, 콩가리, 에버글레이즈. 이렇게 동부의 국립공원을 다섯 군데 방문했지만, 그레이트 스모키 마운틴에서는 드라이브를 주로 했고, 에버글레이즈에서는 악어를 보는 것이 중심이었기에 이 책에서는 다루지 않았다.

동부의 국립공원 이야기는 비교적 짧다. 계획을 미리 세우지 않고 나들이하듯 떠날 수 있는 거리였고, 체류 시간도 길지 않았기 때문이다. 동부 국립공원들은 도시와 비교적 가까운 위치에 있어 장거리 운전이나 항공 이동 없이도 도시와 자연을 함께 경험할 수 있다. 셰넌도어는 미국의 수도인 워싱턴 D.C. 근처고, 아카디아는 보스턴과 함께 여행하기 좋다. 콩가리는 사우스캐롤라이나와 함께 여행할 수 있다. 휴양과 맛집과 아름다운 풍경이 있는 동부의 국립공원으로 출발해 보자.

13장

지구의 주름 애팔래치아를 걷고 싶다면, 셰넌도어 국립공원

① 시간을 거슬러 온 것 같은, 루레이 마을
② 애팔래치아를 걷다, 스토니 맨 트레일

"Almost heaven, Shenandoah…"
_<Take Me Home, Country Roads>, John Denver

셰넌도어는 1935년 국립공원으로 지정되었다. 블루리지산맥의 길고 좁은 구간 중심으로 뻗어있는 경관도로는 셰넌도어 국립공원을 남북으로 관통하는 도로다. 총길이 약 170km의 경관도로를 따라 아름다운 산악 경관을 감상하며 드라이브를 즐길 수 있다. 숲이 우거진 산봉우리 서쪽으로는 셰넌도어강과 계곡, 동쪽으로는 버지니아 피크 산맥의 완만한 구릉이 이어진다.

※꼭 알아야 할 팁

1. 사전에 레인저 프로그램 찾아보기

　　방문 전 미국 국립공원관리청 사이트에서 참석 가능한 레인저 프로그램을 찾아보고 방문하는 것이 좋다. 프로그램들은 요일과 시간에 따라 다양하게 진행된다. 참가자들은 공원에 대한 학습 활동을 수행하고, 완료 시 공식 주니어 레인저 배지를 받을 수 있다.

2. 겨울 여행 시 주의 사항
   셰넌도어 내의 모든 캠핑장과 숙박 시설과 도로는 겨울철에 문을 닫는다. 빅 메도우(Big Meadows)에는 매년 평균 76cm 이상 눈이 내리기 때문이다.

3. 트레일 표식 색의 의미
   흰색은 애팔래치아 트레일을, 파란색은 공원 하이킹 트레일을, 노란색은 말을 타도록 지정된 트레일을 나타낸다.

4. 함께 관광하면 좋은 곳, 루레이 동굴
   셰넌도어 국립공원의 서쪽 입구에서 차로 멀지 않다. 트레킹이 지겨운 아이들이 흥미를 느낄 수 있는 관광지다.

5. 메리 록(Mary's Rock) 터널 운행 주의 사항
   캠핑카, 말 운반차 및 높이 3.9m 이상인 차량은 터널을 우회해야 한다.

6. 루레이 싱잉 타워 연주 일정
   특별한 날, 이를테면 부활절 일출 예배 같은 행사가 있을 때 루레이 싱잉 타워에서 연주가 진행된다고 한다. 아래 홈페이지를 참고하면 연주 일정을 알 수 있다.

루레이 싱잉 타워
luraycaverns.com/explore/singing-tower/

시간을 거슬러 온 것 같은, 루레이 마을

미국의 독립기념일 휴가였던 어느 날, 늦은 아침을 먹는데 남편이 느닷없이 말했다.

"셰넌도어 국립공원 갈까?"

우리는 총알같이 짐을 챙겨 차에 올라탔다.

오전 10시에 집을 나섰더니 워싱턴 D.C.를 지날 때쯤 배가 꼬르륵거렸다. 미국은 이민자의 나라답게 온갖 나라 음식점이 있다. 새로운 음식을 좋아하는 나는 에티오피아 음식점에 가고 싶었지만, 아이들이 완강하게 거절했다. 어쩔 수 없이 무난한 멕시코 음식점에 들어갔다. 식당에서 밥을 먹는 사람은 멕시코계 사람들 몇 명뿐이었다. 동양인 가족이 이런 외지까지 찾아온 것이 의외인지 우리를 본 서빙 직원이 흠칫 놀랐다. 나도 직원도 영어가 능통하지 않아 결국 구글맵을 열어서 가게 리뷰 사진을 보여주며 주문할 수밖에 없었다. 우리는 간신히 치미창가, 엔칠라다, 타코를 주문했다.

음식은 기대 이상이었다. 귀국 전에 일부러 다시 가고 싶었을 만큼! 든든히 배를 채우고 우리는 기분 좋게 셰넌도어로 향했다.

워싱턴 D.C 근교의 멕시칸 음식점

한국 중학교 1학년 사회 시간에는 '고기 습곡 산지'에 대해 배운다. 고기 습곡 산지는 고생대에서 중생대 초기에 조산운동으로 형성된 산지로 그 후 오랜 시간 침식작용을 받아 낮고 완만하다. 셰넌도 어로 가는 길에 창밖을 내다 보면 전형적인 고기 습곡 산지를 볼 수 있다. 워싱턴 DC 에서 벗어나 셰넌도어가 가까워지니 낮고 완만한 산맥이 끝없이 이어졌다. 산맥은 한없이 길게 이어진 지구의 주름살 같았다.

남북으로 뻗어있는 경관도로(Skyline Drive)를 드라이브한 후, 어김없이 '방문자 센터'를 방문했다. 공원 북쪽 끝에 있는 디키리지(Dickey Ridge) 방문자 센터가 문을 닫기 30분 전이었다. 셰넌도어 국립공원(Shenandoah National Park)는 한국어로 된 팸플릿도 제공하고 있었다. 팸플릿을 보니 셰넌도어에는 레인저 프로그램이 생각보다 다양했다. 하지만 대부분이 토요일과 일요일에 집중되어 있었다. 평일에 방문했던 우리가 참여할 수 있는 프로그램은 내일 오전 10시에 진행되는 스토니 맨 트레일 트레킹뿐이었다.

미국에서 어떤 도시를 여행할 계획이 있으면 구글에 접속해서 방문하는 도시 이름과 주니어 레인저를 검색해 보길 권한다. 미리 찾아봤다면 경관도로를 드라이브하기 전에 주니어 레인저 프로그램부터 참석했을 텐데, 아쉽게도 레인저 프로그램을 놓치고 말았다. 주니어 레인저 책을 받고 방문자 센터를 구경했다. 아이들은 물론, 어른들도 지나쳐 버릴 만한 것들을 공부하는 재미가 있었다. 셰넌도어 국립공원 책에는 애팔래치아 트레일이 어디서부터 어디까지인지 표시된 지도와 셰넌도어에서 볼 수 있는 식물과 동물에 대한 정보가 퀴즈 형식으로 담겨 있었다.

디키리지 방문자 센터에서 내비게이션으로 오늘의 숙소를 찍고 애팔래치아의 굴곡을 따라 내려갔다. 스카이라인 경관도로를 따라 남쪽으로 쏜튼 갭(Thornton Gap) 입구까지 내려간 후 US-211번 도로를 타니 '여기가 읍내구나.' 여겨지는 마을이 나왔다.

우리는 내키는 대로 운전을 해서 마을을 둘러봤다. 루레이 마을은 어릴 적 외할머니댁이 있었던 시골 느낌이 물씬 풍겼다. 집집마다 목장이 있어서 소나 말을 키우고 있었고, 큰 창고가 있는 걸로 보아 농업과 축산업을 주로 한다는 것을 알 수 있었다.

마을을 한 바퀴 돌다가 루레이 싱잉 타워를 방문했다. 종은 뾰족하고 높은 탑 안에 걸려 있었다. 한국 선사에서 볼 수 있는 종은 스님이나 종치기가 직접 타종봉으로 쳐서 소리 내는 방식이다. 루레이 싱잉 타워의 종은 한국의 종과는 달리 연주할 수 있는 종이라고 한다. 그런 종을 카리용(Carillon)이라고 부른다. 지금도 특별한 날에는 연주한다고 한다.

종탑을 보러 온 사람은 우리 가족이 전부였다. 종탑 앞 잔디에서 우리는 풋볼공을 주고받으며 저녁 시간을 보냈다.

루레이 싱잉 타워

애팔래치아를 걷다, 스토니 맨 트레일

★★☆☆☆

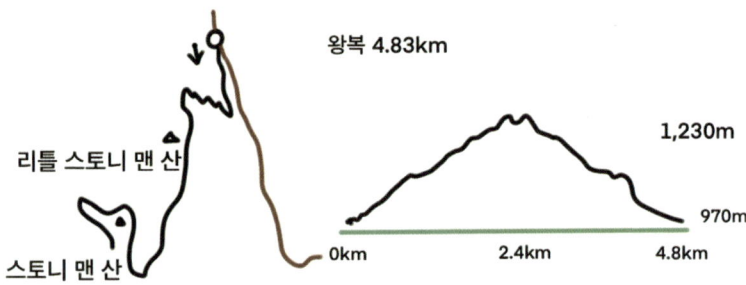

"어떤 트레일은 너무도 자연스러워서 원래 지표 밑에 잠자듯 놓여 있었던 것처럼 보인다. 이런 트레일들은 우리가 만드는 것이 아니라, 마치 우리를 통해 스스로를 드러내는 것 같다."

_『온 트레일스』, 로버트 무어

스토리 맨 트레일은 로버트 무어의 말처럼 너무 자연스러운 길이었다. 길이는 2.5km 정도, 울퉁불퉁한 돌길이 아니라 걷기 편한 흙길이었고 왕복 두 시간 정도 걸려서 아이들과 걷기에 좋았다.

트레일 입구에 도착하니 미국 국기가 프린트된 티셔츠를 입은 부부가 딸 둘과 함께 서 있었다.

"안녕하세요? 어디서 왔어요?"

"필라델피아, 아! 그리고 한국이요."

"모자를 보고 필라델피아인 줄 알았어요."

필라델피아 야구팀인 필리스의 팬인 아들은 항상 빨간색 필리스 모자와 필리스 티셔츠를 입고 다닌다. 필리스보다 잘하는 팀 모자를 쓴 사람을 보면 경계하고, 같은 모자를 쓴 팬을 만나면 서로 반갑게 인사한다. 그날도 양키스 모자를 쓰고 있는 사람을 볼 때마다 "양키스 팬이라니!" 하며 짜증을 냈는데 재미로 그러는 건지 진심인지는 아직도 잘 모르겠다.

잠시 후 백인 노부부와 아이 셋을 데리고 온 키가 큰 남자와 금발 머리 부부도 도착했다. 우리를 포함한 네 가족은 레인저와 함께 스토니 맨으로 출발했다.

"애팔래치아는 고생대에 생긴 산이 침식작용으로 낮아지고 완만해지며 형성되었어요. 이 돌이 무슨 돌인지 아시나요? 맞아요. 화성암이에요. 애팔래치아에서 셰넌도어에만 사는 도마뱀이 있어요. 셰넌도어에만 서식해서 이름도 셰넌도어 도마뱀이지요."

레인저의 설명 중에서 내가 알아들은 건 이 정도였다. 길을 걷던 중 레인저는 길가에 있던 작은 돌을 하나 들추더니 작고 붉은 뭔가를 가리켰다. 주니어 레인저 책에서 봤던 셰넌도어 도마뱀이 레인저랑 입을 맞춘 건처럼 정확히 돌 아래에 있었다. 레인저는 계속 말을 이어갔다.

"셰넌도어는 1935년에 국립공원으로 지정되었습니다. 첫 번째로 지정된 국립공원이 어딘 줄 아세요?"

"옐로스톤이요."

"맞아요. 내 생각에는 서부에만 국립공원이 몰려 있어서 동부에도 하나쯤 지정해 준 것 같아요."

레인저의 말에 다들 와하하 웃었다.

셰넌도어의 평평한 산맥

방학을 맞아 애팔래치안 트레킹을 나선 학생들과 인솔자들이 트레일에 많이 보였다. 미국 아이들은 방학이면 서머 캠프에 많이 참여하는데 고등학생이 되면 일주일간 트레킹하는 활동이나 역사적인 곳에 방문하는 활동을 많이 한다. 학생들은 얼굴이 벌겋게 익었고 지친 기색이 역력했다. 배낭을 길옆에 내려놓고 되는대로 앉아 쉬고 있었다. 어쩌면 부모님이 신청한 프로그램에 억지로 끌려왔을지도 모른다. '이왕 왔으니 힘내!' 나는 속으로 화이팅을 외쳐주었다.

애팔래치아 종주는 많은 이들이 꿈꾸는 일이다. 누군가는 3,500km의 긴 길을 걸으며 모험하고 싶어서, 누군가는 자신의 한계를 시험해 보고 싶어서, 누군가는 자연 속에서 생활해 보고 싶어서일 것이다. 우리 가족이 애팔래치아를 걸었던 이유는 우리가 살았던 펜실베이니아주에 애팔래치아가 있어서였다.

14장

바다와 숲이 어우러진,
아카디아 국립공원

① 바닷길이 열리면 갈 수 있는 곳, 바 아일랜드 트레일
② 미국 본토에서 해가 가장 빨리 떠오르는, 캐딜락 마운틴
③ 익숙하고 편안한 길, 조던 호수 트레일
③ 쇠사슬을 잡고 오르다, 비하이브 트레일

아카디아 국립공원은 미국 북동쪽 끝에 있는 국립공원이다. 28대 대통령인 우드로 윌슨이 1916년에 섬의 일부분을 국립 기념물로 승인했고, 1919년에는 국립공원으로 승격했다. 아카디아 국립공원은 마운틴 데저트 아일랜드(Mountain Desert Island), 스쿨딕 반도(Schoodic Peninsula), 하이랜드(Isle au Haut, 영어로는 High land라는 뜻이다)로 나뉜다. 일반적으로 마운틴 데저트 지역이 아카디아 국립공원으로 통용된다. 마운틴 데저트 지역에 캐딜락 마운틴, 샌디비치, 선더 홀, 조던 호수, 바 하버 등 아카디아 국립공원의 대표적인 명소들이 있기 때문이다.

※ 꼭 알아야 할 팁

1. 캐딜락 마운틴 도로 입장권 예약하기

    캐딜락 마운틴 정상 도로(Cadillac Summit Road) 차량 입장권은 Recreation.gov에서 사전에 예약할 수 있다. 미국 본토에서 가장 해가 빨리 뜨는 곳답게 일출 시간에는 도로 입장권이 매진될 확률이 높다.

    캐딜락 서밋 로드를 따라 걸을 수도 있다. 약 1시간 30분 ~ 2시간 정도 소요되는데 8월의 평균 일출 시간인 5시 30분에 맞추려면 새벽 4시부터 걷기 시작해야 했기 빠르게 포기했다.

    캐딜락 마운틴 트레일을 걸어 정상에 오를 수도 있다. 왕복 거리는 약 7km이고 경사진 바윗길이다.

2. 하루를 일찍 시작하기

    주요 명소인 샌드 비치, 조던 연못은 주차공간이 금세 부족해지므로 아침 일찍 방문하는 게 좋다.

바닷길이 열리면 갈 수 있는 곳,
바 아일랜드 트레일

★☆☆☆☆

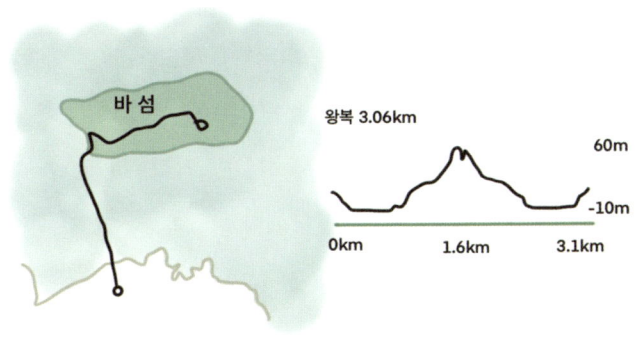

셰넌도어에서 돌아온 다음 날 직장에 있던 남편에게 전화가 왔다.

"아카디아 갈래? 그럴 상황이 됐는데."

남편의 말에 나는 기다렸다는 듯 "당연하지!"를 외쳤다. '위도가 높아 가끔 오로라를 볼 수 있는 곳, 미국에서 해가 제일 빨리 뜨는 곳, 랍스터 산지라서 맛있는 랍스터를 먹을 수 있는 곳, 배를 타고 나가면 고래를 볼 수 있는 곳, 그 아카디아를 결국 가게 되는구나!' 생각하니 콧노래가 절로 나왔다.

남편이 퇴근하자마자 차에 여행 짐을 싣고 있는데, 이웃에 사는 할머니가 인사했다.

"여행 가세요? 어디로 가시나요?"

"아카디아로요."

"아! 나는 메인주에 5년 정도 살았지요. 캠핑할 건가요?"

"아니요. 캠핑 장비도 없어서 그냥 숙소를 예약하려고요."

"좋은 결정이에요. 메인에는 모기가 정말 많거든요. 바닷가에 있어도 귓가에 모기가 윙윙거린다니까요."

아카디아는 캠핑하기 좋은 곳이라고 들었다. 한 번쯤은 미국에서 캠핑을 해보고 싶었는데 할머니 이야기를 들으니 캠핑하고 싶었던 마음이 싹 달아났다. *(미국에서는 KOA라는 사이트에서 캠핑장을 예약할 수 있다. 하루에 15~30달러 정도)*

우리는 하트퍼드라는 작은 도시에서 하룻밤 자고, 다음 날 늦은 오후에 아카디아 국립공원 방문자 센터에 도착했다.

"엄마, 엄마! 저기!"

딸아이가 가리킨 곳에는 이웃에 사는 가족이 있었다. 우리 가족과 이웃은 놀라움과 반가움이 뒤섞인 웃음을 터뜨렸다. 이웃은 전날 밤 캠핑을 했는데 해무가 너무 심해서 텐트가 다 젖을 정도였다고 했다. 도저히 잠을 잘 수 없어서 한밤중에 숙소를 예약해서 겨우 잠들었단다. 역시 할머니 말을 듣길 잘했다.

방문자 센터에서 레인저 북을 받고 나니 오후 5시였다. 숙소로 바로 가기에는 아까운 시간이라서 방문자 센터에서 차로 15분 거리인 바 아일랜드*(Bar Island)*에 들르기로 했다. 바 아일랜드는 아카디아 국립공원에서 방문객이 가장 많은 마운틴 데저트 섬에서 가장 가까운 섬이다. 바 아일랜드와 마운틴 데저트는 하루에 두 번 썰물 때 물길이 열린다. 물길이 열릴 때는 섬까지 걸어갈 수 있었는데 우리가 방문했던 날은 저녁 8시가 육지와 트레일이 연결되는 간조였다.

도무지 섬까지 갈 수 없을 것처럼 찰랑거리던 바닷물은 빠르게 빠져나갔다. 20분 정도 드디어 길이 보이기 시작했다. 용기 있는 사람들은 신발을 벗어들고 바닷물을 첨벙거리며 바 아일랜드로 걸어갔다. 우리도 신발을 벗고 바닷물에 발을 담갔다. 메인주의 바닷물은 한여름에도 자비 없이 차가웠다.

"북극의 차가운 물이 남쪽으로 이동하는 래브라도 해류 때문에 메인주 해안은 수온이 낮대. 그래서 맛있는 랍스터가 살기 딱 좋은 거지."

아들이 학교에서 배웠는지 아는 지식을 늘어놓으며 입맛을 다셨다.

바 아일랜드 트레일은 왕복 약 2.4km의 짧은 코스였다. 아름다운 해안 경관을 감상하며 걸을 수 있는 한국의 뒷산 같은 평범한 산이었다.

바 아일랜드를 산책하고 우리는 다시 바닷가로 돌아갔다. 물이 빠진 바위 사이로 작은 바다 생물들이 보였다. 다닥다닥 붙어 있는 소라, 불가사리, 돌을 들추면 작은 게도 찾을 수 있었다. 머리 위로 먹이를 찾는 갈매기들이 분주히 날아다녔다. 물은 점점 더 빠져서 우리는 더 깊은 곳까지 들어갈 수 있었다. 아이들은 조개와 게를 잡으며 놀았다. 근사한 저녁이었다. 멀리 보이는 바 섬과 바위와 갈매기, 해가 저무는 바다의 풍경, 서늘한 저녁 바람. 바 섬에서 일몰을 보려는 사람들은 바닷길 위에 접이식 의자를 놓고 앉았다. 테이블까지 가져다 놓고 가족들과 저녁을 먹으며 시간을 보내는 사람들도 보였다.

우리는 잡은 게를 놓아주고 마지막으로 일몰을 보고 돌아갔다. 몸이 떨릴 만큼 추웠다. 숙소로 돌아가서 몸을 녹일 시간이었다.

바 아일랜드

미국 본토에서 해가 가장 빨리 떠오르는, 캐딜락 마운틴

☆☆☆☆☆

캐딜락 마운틴(Cadillac Mountain) 정상에 도착하는 건 식은 죽 먹기였다. 입장권을 검사한 후 10분만 차를 타면 된다. 오전 9시 반, 차에서 내리니 선선한 바람이 얼굴을 스쳤다. 높은 바위 위에 올라가 아래를 내려다보니 대서양이 시원스레 펼쳐져 있었다. 바다 위에는 조약돌 같은 섬들도 점점이 떠 있었다.

아카디아 국립공원에는 크고 작은 섬들이 100개 넘게 흩어져 있다. 가장 큰 섬은 우리 가족이 밟고 있었던 캐딜락 마운틴이 위치한 마운트 데저트 아일랜드다. 그리고 그 주위로 포크폭인트 섬, 이글 호수, 롱 포드 섬, 스완스 섬과 아일스포드 섬, 그 외에 수많은 작은 섬들이 있다고 한다. 메인주의 섬들은 아주 먼 옛날에는 거대한 빙하 산맥이었다고 한다. 빙하기가 지나면서 빙하가 녹아내려 산이 깎였고 봉우리는 낮아졌고, 바닷물이 육지를 채우며 섬이 되었다.

우리가 밟고 있는 바위는 특이하게도 분홍색이 섞인 화강암이었다. 매끈한 화강암 표면은 길게 줄을 그어놓은 듯 군데군데 갈라져 있었다. 오랜 시간 비가 스며들고 물이 얼면서 암석이 부서지며 형성된 '절리(Joint)'였다. 바다와 산 위에 시간의 조각들이 흩어져 있는 것 같았다.

캐딜락 마운틴 정상에서 바라본 대서양

캐딜락 마운틴 정상

익숙하고 편안한 길, 조던 호수 트레일

★☆☆☆☆

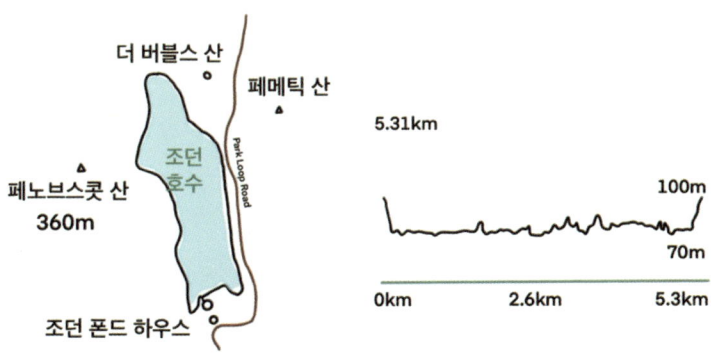

정오 무렵 우리는 조던 호수(Jordan Pond)에 도착했다. 조던 호수는 가족 관광객이 많이 찾는 곳이었다. 호수 둘레는 5.1km 정도로 완주하려면 2시간이나 걸리지만, 체력이 허락하는 만큼만 걸으면 됐다. 길은 어린아이들도 걸을 수 있을 만큼 길도 평평했다. 호수에 돌을 던지며 놀 수도 있고 발을 담글 수도 있었다. 문제는 인기가 많은 만큼 주차가 힘들다는 거였다. 십 분 넘게 주차장을 뱅글뱅글 돌아도 주차 자리는 나지 않았고 새로 들어온 차만 늘었다.

"먼저 가. 주차하고 따라갈게."

결국 남편만 차에 남기로 했다. 우리는 호수 오른쪽으로 걷다가 한 시간 후에 주차장 입구에서 만나기로 약속했다. 휴대폰 신호가 잡히지 않아서 서로 연락할 방법이 없었기 때문이었다.

호수를 에워싼 숲은 햇빛에 반짝였다. 7월 초, 한여름인데도 선선한 바람이 불었다. 울창한 나무 덕분에 그늘이 드리워서 걷기 좋았다. 투명하고 맑은 조던 호수 수면에 페메틱 산(Pemetic Mountain)과 더 버블스(The Bubbles)가 반사됐다. 두 산에서 흘러 내려온 물줄기가 조던 호수를 채우고 있었다. 동부의 풍경은 서부처럼 낯설고 우락부락하고 사람을 압도하는 장관은 아니었다. 하지만 익숙하고 편안해서 마음 편히 쉴 수 있었다.

한 시간 후 트레일 입구에서 남편을 만났다. 남편은 혼자 시간을 보내서 더 좋았던 눈치였다.

조던 호수

쇠사슬을 잡고 오르다, 비하이브 트레일

★★★★★

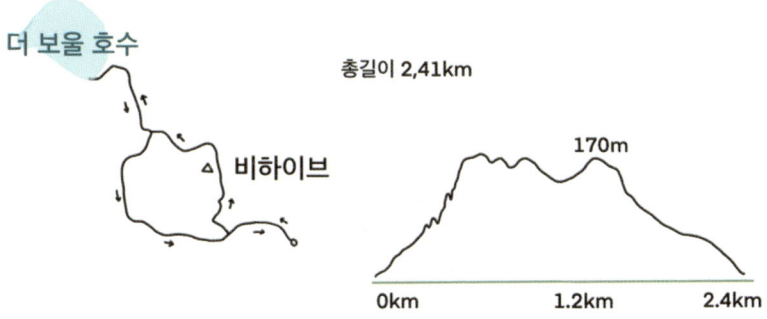

두 번째 아침을 맞았다. 조던 호수에서 주차난을 경험했기 때문에 이번에는 일찍 숙소에서 나왔다. 비하이브 트레일(The Beehive Trail)은 한 방향으로만 통행할 수 있는 공원 일주도로(Park Lop Road)였다. 주차장을 찾지 못하면 도로를 한 바퀴 돌아야 했기 때문에 트레일 입구에서 조금 떨어진 곳이라도 주차할 공간이 보이면 주차하는 편이 나았다. 우리는 조금 떨어진 곳에 주차하고 트레일 입구까지 걸어갔다.

어제 저녁의 일이다.

"내일 비하이브 트레일 갈래?"

남편이 쇠로 만든 손잡이와 계단이 절벽에 박혀 있는 사진을 보여주며 물었다.

"프레시피드 트레일(precipice trail)은 위험해서 아이들은 출입이 안 된다고 했지만, 비하이브 트레일은 그런 말이 없었어."

비하이브 트레일은 절벽에 벌들이 집을 짓고 살아서 '비하이브'라는 이름이 붙었다고 한다. 이런 곳에 왜 아이들을 데리고 온 건지. 까마득한 절벽에 사람들이 다닥다닥 붙어 있는 모습을 보니 후회막심했다.

"Enjoy."

맞은편에서 걸어오는 인도계 남자가 인사했다. 남자는 만족스러운 표정으로 땀을 닦고 있었다. 그 사람의 활기찬 모습에 나는 괜한 걱정은 접어두기로 했다.

비하이브 트레일은 입구부터 울퉁불퉁한 바윗길이었다. 비가 자주 오는 곳인지 바윗길이 끊긴 곳은 진흙탕이었다. 신발은 곧 진흙투성이가 됐다. 울창한 숲에서는 졸졸 물 흐르는 소리가 났다. 이렇게 강도 많고, 호수도, 연못도 많은, 물이 풍부한 곳이니 숲이 울창하구나 싶었다. 그래서 메인주에는 제지회사도 많다. 그 당시 읽었던 도널드 E. 웨스트레이크의 소설인 『액스(The Ax)』가 떠올랐다. 그 소설은 정리해고라는 극한의 상황에 내몰린 주인공이 재취업을 위해 경쟁자들을 살해한다는 충격적인 내용이었는데, 주인공이 취업하고 싶었던 제지회사가 메인주에 있었다.

피톤치드가 가득한 울창한 숲을 30분쯤 걸으니 절벽 아래에 다다랐다.

구릿빛 피부에 건강해 보이는 남자 일행이 아이들을 보더니 말했다.

"이 트레일을 오다니 멋진걸. 올라가기 힘들면 우리가 도와줄게."

하지만 그 남자의 근육은 관상용인 것 같았다. 우리를 도와준다더니 도리어 쩔쩔매다니. '디딘 발에 단단히 힘을 주고 팔로 몸을 당겨!'하고 마음속으로 응원할 수밖에. 그 앞에서 걷던 백인 남녀도 바위를 오르지 못해 쩔쩔매는 바람에 일방향 통행이었던 절벽에서 때아닌 정체가 이어졌다. 길은 점점 더 험해졌다. 철로 만든 난간을 잡고 기어오르고, 낭떠러지 옆으로 조심조심 게걸음을 걷다 보니 이렇게 위험한 곳을 오자고 했던 남편에게 화가 났다.

"아니, 이렇게 위험한 곳을 왜 오자고 했어!"

"여기가 뭐가 위험하다고 그래."

비하이브로 올라가는 길

'이렇게 안전의식이 없는 남자랑 결혼했나, 다시 이런 곳에 가자고 하면 가만있지 않을 테다.' 생각하며 혼자 씩씩거렸다. 일방향 길이었기 때문에 퇴로는 없었다. 이제는 떨어지지 않으려고 용을 쓰며 산을 오를 수밖에. 아빠가 비하이브를 트레킹하자고 했을 때 재미있겠다며 방방 뛰던 아이들도 신중하게 발을 디디고 쇠사슬을 붙잡았다.

영원히 도착하지 못할 것 같았던 정상에 드디어 도착했다. 쇳내가 나는 손을 바지에 비벼 닦으며 산 아래를 내려다봤다.
"전망이 끝내주네요."
바위에 앉아 전망을 바라보던 사람이 웃으며 말했다.
"그러게요. 인생 최고예요."
고생해서 올라왔는데 안개 벽에 갇혀 아무것도 볼 수 없다니. 허망함을 감출 수 없었다. 미국인의 장점 중 하나는 이런 순간에도 유쾌함을 잃지 않는다는 거다. 인종차별, 비싸고 복잡한 병원 시스템, 행정적인 일 처리가 느린 것 등 불편한 점도 많았지만, 짜증 날법한 일에도 여유 있고 유쾌한 마음을 가지는 것은 배울만했다. 목숨을 걸고 쇠사슬을 잡고 기어올랐건만, 아무것도 보이지 않아 화났던 마음이 사르르 녹았다.
40분을 기다렸지만, 안개가 걷힐 기세가 없었다. 날이 맑았다면 샌드 비치가 보였어야 했다.
"산에서 내려가면 제일 먼저 샌드 비치에 가자."
아이들은 바다라면 무조건 환영이었다.

안개가 자욱했던 비하이브 정상

내려가는 길은 평탄했다. 바위투성이라 걷기 쉽지는 않았지만 떨어져 죽을 일은 없었다. 한참 산에서 내려가서 산 위를 보니 우리가 올랐던 절벽에서 다닥다닥 붙어 있는 사람들이 보였다.

"안개가 껴서 다행이다. 절벽 아래가 다 보였으면 무서울 뻔했네."
"가족 중에 누가 떨어져서 죽을까 봐 진짜 무서웠어."
아이들이 가슴을 쓸어내리며 말했다.

샌드 비치는 한여름에도 물이 정말 차가웠다. 캐나다 북극권의 차가운 바닷물이 북대서양 해류를 타고 메인주 해안까지 내려오기 때문에, 여름철에도 바닷물 온도가 10~15도 정도밖에 되지 않는다. 나와 남편은 수영하길 포기하고 모래밭에 서서 아이들이 노는 모습을 바라봤다. 그 차가운 물에서 아이들은 이를 부딪쳐 가며 놀았다.

15장

최악의 국립공원 1위라고?
콩가리 국립공원

① **모기 주의, 더 보드워크**

미국 사우스캐롤라이나주 저지대에 위치한 콩가리 국립공원은 2003년 국립공원으로 지정되었다. '콩가리'는 이 지역에 살았던 원주민인 콩가리 족의 이름에서 유래되었다. 콩가리 족은 과거 이 지역의 울창한 숲과 풍부한 강을 기반으로 살아가던 토착 민족이었지만 유럽인들의 정착으로 인한 전염병과 전쟁으로 인해 대부분 사라지고 지금은 지명으로만 남아있다.

콩가리 국립공원은 콩가리강과 와타리강이 만나는 지점에 자리하고 있으며, 수천 년 동안 두 강이 퇴적시킨 토사로 이루어져 있다. 비옥한 퇴적물로 형성된 울창한 숲 덕분에 콩가리 국립공원은 "동부의 열대우림"이라는 별명을 얻게 됐다.

※꼭 알아야 할 팁

1. 트레킹 코스

   콩가리 국립공원(Congaree National Park)에는 트레일 코스가 32.19km에 불과하다. 그 짧은 트레일도 콩가리강과 와타리강의 수위가 높아지면 걸을 수 없다.

   ★대표적인 트레일인 보드워크 루프 트레일은 대부분이 나무 데크로 이루어져 있지만, 일부 구간은 침수될 가능성이 있다.

   ★웨스턴 레이크 주변을 따라 걷는 웨스턴 레이크 루프 트레일도 물에 잠길 수 있다.

   ★시더 크릭을 따라 이어지는 시더 크릭 트레일은 특히 침수에 취약하다. 그러므로 날씨를 잘 확인해야 한다.

2. 카약 체험하기

   시더 크릭(Sedar Creek)이나 콩가리강(Congaree River)를 카누나 카약을 빌려 탐험하는 것도 즐거운 일이다.

3. 반딧불 보기

   5월 말에서 6월 초에 방문하면 동시 발광 반딧불이(Synchronous Fireflies)를 관찰할 수 있다.

4. 모기 주의하기

   맹그로브 습지대인 콩가리 국립공원은 모기가 많기로 악명높다. 긴소매와 긴바지를 입고 모기 기피제를 챙기자.

모기 주의,
더 보드워크

★☆☆☆☆

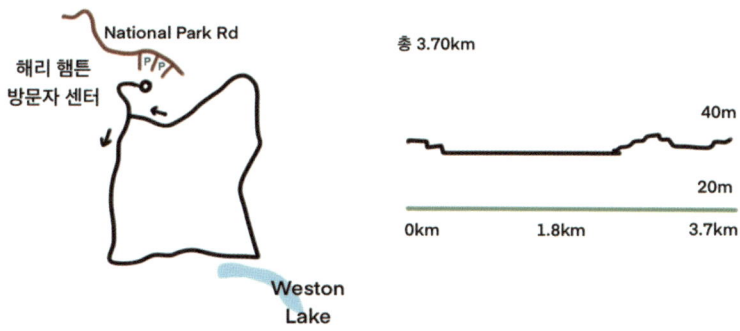

크리스마스가 다가왔다. 이 년으로 예상했던 미국살이가 6개월 당겨져서 두 달 후에 귀국해야 하는데 크리스마스를 어떻게 보내야 할지 고민이었다.

"귀국하면 로드트립 할 기회가 있겠어? 마이애미까지 차로 여행하자!"

아이들 학교가 쉬는 크리스마스 연휴 첫날이었던 23일 오전 아침 일찍부터 일어나 부지런히 짐을 챙겼다. 마이애미까지는 집에서 쉬지 않고 운전했을 때 17시간 거리다. 우리는 이삼일에 거쳐서 천천히 마이애미까지 내려가기로 했다. 가족을 방문하러 떠났거나, 여행을 떠난 사람이 많은지 도로가 한산했다. 우리는 최대한 남쪽으로 달려서 콩가리 국립공원 근처에서 묵기로 했다. 판다 익스프레스에서 점심을 먹고, 주유소에 들렀을 때를 제외하고 계속 남쪽으로 달렸다. 콩가리 국립공원과 가까운 섬터(sumter)라는 작은 도시에 도착했더니 밤 9시였다.

콩가리 국립공원은 '최악의 국립공원 10위' 안에 드는 공원이다. 그래서일까. 크리스마스 연휴였음에도 불구하고 국립공원으로 들어가는 차는 우리뿐이었다. 해리 햄튼(Harry Hampton) 방문자 센터에 들러 그날의 일정을 살펴보았지만, 겨울철이라 그런지 레인저 프로그램을 운영하지 않았다. 우리가 할 수 있는 건 카약이나 카누를 빌려서 타는 것과 더 보드워크(The Boardwalk) 트레일을 걷는 것 두 가지뿐이었다. 카약은 국립공원 외부에 있는 업체에서 빌려야 했는데, 우리 차 지붕에는 카약을 실을 장비가 없었다. 유일하게 할 수 있는 활동은 '걷기'뿐이었다.

더 보드워크 트레일은 약 3.86km 정도 길이의 나무 데크로 이어진 트레일로, 천천히 걸으면 두 시간 정도 소요된다. 트레일이 시작되는 방문자 센터 앞에는 모기 미터(Mosquito Meter)가 있었다. 아열대 기후의 범람원 습지라 겨울을 제외한 모든 계절에 모기가 기승이기 때문이다. 콩가리 국립공원이 최악의 국립공원 1위인 이유는 모기 때문일지도 모른다. 며칠 뒤 마이애미의 맹그로브 숲을 찾았는데 잠깐 사이 온 가족이 모기에 잔뜩 물렸다. 그제야 '모기와의 전쟁이 이런 거구나.' 실감했다.

모기 미터

    습지에는 내 무릎 높이만 한 나무가 군데군데 솟아있었다. 뿌리의 일부 같기도 하고, 죽순처럼 자라고 있는 나무의 윗부분 같기도 했다. 나무가 물속에서 자라고 있으니, 성장이 빠를 것 같지만 나무는 연간 30~60cm 정도로 천천히 자란다고 한다. 하늘 높이 솟은 나무들은 장수한 나무들이었다. 이 나무들이 지금까지 온전히 보존될 수 있었던 것은, 20세기 이전까지 이 지역이 개발되지 않고 자연 그대로 남아있었기 때문이다. 최악의 국립공원이라는 오명 덕분에 하늘 높이 솟은 나무들과 거대한 고목들 사이를 네 가족이 오붓하고 한적하게 걸었다.

    우리가 방문하기 일주일 전에 콩가리 국립공원 일대에 비가 많이 왔다. 트레일 곳곳에는 물에 잠겼던 흔적이 남아있었다. 더 보드워크 트레일은 비포장 길인 블러프 트레일(Bluff Trail)과도 이어져 있다. 블러프 트레일 곳곳에 물이 고여 있어서 끝까지 걸을 수 없었다.

329

콩가리 국립공원은 실제로 걷는 것보다 카누를 타고 여행하기에 적합한 곳이라고 한다. 카누를 타는 레인저 프로그램으로는 밤에 카누를 타고 콩가리강을 따라 이동하며 올빼미를 관찰하는 아울 프라울*(Owl Prowl)*, 5월 중순부터 6월 초에 반딧불 보기 프로그램이 있다. 여름의 울창한 활엽수와 키 큰 사이프러스 나무 사이를 카누로 누비며 올빼미 소리를 듣고 반딧불을 보는 건 얼마나 신비롭고 멋진 일일까.

롱가리의 습지

에필로그

　미국에 살았던 일 년 반 동안, 참 많은 곳을 누볐다. 미국의 동서남북을 이리저리 헤매고 걸은 덕분에 넓고 아름다운 세상을 만났다. 한국에서는 각자 바빠서 가족과 함께 보낼 시간이 적었는데 미국의 국립공원을 여행하는 동안에는 징글징글할 정도로 붙어 다닐 수밖에 없었다. 그 시간 동안 우리는 같이 있으면서도 적당한 거리감을 유지할 수 있는 법을 배웠다. 자연은 물론이고 사랑하는 가족도 억지로 다가가고 통제하기보다는 적당한 거리감을 지키고 존중하는 것이 중요하다는 것도 깨달았다.

　아이들은 여행한 후 세상을 바라보는 시야가 넓어졌다. 미국의 서부에서 동부까지, 북쪽의 빙하에서 남쪽의 사막까지 여행했고, 미국 동부의 역사적인 장소에도 가봤기 때문에 책을 읽거나 학교에서 역사나 과학 수업을 할 때 그때의 기억을 꺼내 공부할 수 있게 되었다. 그 기억 속에는 땀 흘리고, 웃고, 짐을 나누어 들었던 추억도 있었으니, 아이들에게 미국 국립공원 트레킹은 살아있는 수업이었다. 나는 아이들이 겨울방학일 때 이 책의 초본을 수정하고 사진을 고르고 지도를 그렸다. 아이들은 내가 작업 중이었던 글을 읽고, 사진을 보면서 "참 좋았었지."하고 그때를 추억했다.

"우리는 사랑하는 대상을 통해 자신을 발견한다."라는 프루스트의 말처럼 대자연과 사랑하는 가족들을 통해 나도 몰랐던 내 모습과, 미처 몰랐던 남편과 아이들의 모습을 발견했다.

첫 번째로 나는 내가 겁이 없는 편인 줄 알았는데, 겁이 많다는 걸 알게 됐다. 절벽에서는 우리 가족 중에서 제일 겁을 냈고, 트레킹 막바지에 제일 힘들어했던 것도 나였다.

두 번째로 나는 남편이 끝판왕 계획형 인간인 줄 알았는데 유동적인 사람이었다는 것이다. 혼자 여행하는 것과 가족과 함께 여행하는 건 다르다. 혼자서는 길을 잃고, 비를 맞고 다녀도 되지만 아이들이 있을 때는 최대한 피하는 것이 좋다. 남편은 가족이 쾌적하게 여행할 수 있길 바라서 열심히 계획을 짰고, 미리 수집해 둔 정보들을 바탕으로 유동적으로 움직였다. 덕분에 대체로 좋은 날씨에 여행할 수 있었다.

세 번째는 '아이들이 이렇게 자랐다니!'였다. 아이들은 어느새 나보다 잘 걷고 짐도 나누어 들 수 있을 만큼 자랐다. 작은 것에도 즐거워하는 존재로 잘 자랐다. 매일 도시락을 먹다가 한번 밥을 사 먹어도, 산에서 다람쥐를 보거나 시원한 바람만 불어도 아이들은 즐거워했다.

또 우리 가족은 긴 운전에 자율주행 시스템이 있어서, 부담 없이 먹을 수 있는 맥도널드 아이스크림을 발견해서, 트레킹할 체력이 있어서, 함께 노래를 부르며 길을 걸을 수 있어서, 달빛이 사막의 밤길을 비춰줘서 행복했다. 자연이 우리 가족에게 줬던 것은 그런 소소한 기쁨을 느낄 수 있는 여유였을지도 모르겠다.

여행으로 인생이 바뀌는 경험을 했다거나 엄청난 발견을 했던 건 아니다. 다만, 우리는 휴지와 종이를 조금 더 아껴 쓰고, 전기를 쓰고 나면 매번 코드를 뽑고, 쓰지 않는 전등을 끄고, 생수를 사 먹기보다는 물통에 물을 넣어 다니게 됐다. 지금도 나는 마음이 조급해질 때면 그때를 떠올리며 세상이 얼마나 넓은지 떠올린다. 아이들이 정말 많은 일을 할 수 있을 거라고, 너무 인생을 좁게 생각하지 말자고 생각한다.

우리 가족은 평생 기억하고 싶은 순간을 함께 했다. 나에게 우리의 여행은 삶이 삭막하게 느껴질 때 꺼내보고 싶은 추억이다. 아이들에게도 이 여행이 그런 기억들로 간직되길 바란다.

부록
국립공원별
추천 트레일

난이도 구분

E   Easy 평탄한 길 위주의 짧은 거리 코스. 특별한 장비나 체력 없이 누구나 편하게 걸을 수 있다.

M   Moderate 오르막과 내리막이 적절히 섞인 코스로, 약간의 체력과 기본적인 준비가 필요하다.

S   Strenuous 고도 차가 크거나 긴 거리의 코스로, 충분한 체력과 경험, 준비가 요구된다.

데스밸리

트레일	위치	길이(Km)	난이도, 주의점
단테스 뷰 (Dante's View)	단테스 뷰 주차장	0.9	E 아래로 배드워터가 보인다.
자브리스키 (Zabriskie)	자브리스키 포인트 주차장	0.5	E 전망대까지 짧은 하이킹 코스 더 긴 트레킹을 하고 싶으면 트레일 헤드에서 골든 캐니언 트레일로 향하여 아마르고사 산맥의 언덕으로 오를 수 있다.
배드워터 (Badwater Basin)	배드워터 주차장	10.4	E 여름철에는 시도하지 말 것. 겨울철에도 물을 많이 가지고 갈 것.
매스키트 플랫 샌드 듄 (Mesquite Flat Sand Dunes)	매스키트 플랫 샌드 듄 주차장	2.0	M 트레일이 아닌 모래 언덕임
네추럴 브릿지 캐니언 (Natural Bridge Canyon)	배드워터 근처의 네추럴 브릿지	1.2	E 중간 지점까지는 다리가 있고 끝까지 가면 협곡에 도착할 수 있다.

요세미티

트레일	위치	길이(Km)	난이도, 주의점
로어 요세미티 폭포 (Yosemite Falls)	요세미티 밸리	1.6	E 포장된 길을 따라 걸을 수 있다.
투올름 그로브 (Tuolumne Grove)	크레인 플랫, 화이트 울프 지역	4.0	E 세쿼이아 숲을 통과하는 자연 산책로
브라이들베일 폭포	브라이들베일 폭포	0.8	E 브레이들베일 폭포 기슭까지 이어지는 포장된 산책로
그리즐리 자이언트	마리포사 그루브	2.5	E 큰 나무들이 있는 산책로

그랜드 캐니언

트레일	위치	길이(Km)	난이도, 주의점
사우스 카이밥 트레일 (South Kaibab Trail)	사우스 림	우아 포인트 230m 시더 리지 340m 스켈레톤 포인트 620m	S 이틀에 걸쳐 끝까지 완주하면 협곡의 바닥에 도착할 수 있다. 제시한 세 포인트 중 체력에 맞는 곳을 걸어도 멋진 전망을 충분히 즐길 수 있다.
브라이트 엔젤 포인트	노스 림	1.4	E 노스 림에서 가장 인기 있고 쉽게 접근할 수 있는 전망대이다.
노스 카이밥 트레일 (North Kaibab Trail)	노스 림	23.6	S 구불구불한 길을 통해 협곡 측면을 가파르게 내려가는 트레일, 수파이 터널이나 레드월 다리에서 돌아오면 당일 트레킹이 가능하다.
데저트 뷰 포인트	사우스 림	0.7	E 콜로라도강과 협곡을 360° 바라볼 수 있다.

브라이스 캐니언

트레일	위치	길이(Km)	난이도, 주의점
퀸스 가든 (Queen's Garden)	선셋 포인트에서 시작	3.2	E 가파른 길이 조금 있지만 접근성이 좋고 전망이 멋져 가족 방문객에게 적당하다.
모시 동굴	모시 동굴 주차장	1.4	E 가파른 경삿길을 걷고 싶지 않지만 트레킹은 하고 싶다면 동굴, 폭포, 자연 아치가 있는 모시 동굴이 적당하다.
브리스틀콘 루프	레인보우 포인트 주차장에서 선셋 포인트까지 걷는 길	1.6	E 겨울에는 폐쇄될 확률이 높다. 1800년 된 브리슬콘 소나무를 볼 수 있다.

그랜드 티턴

트레일	위치	길이(Km)	난이도, 주의점
히든 폭포 (Hidden falls)와 인스퍼레이션 포인트 (Inspiration Point)	제니 호수 선착장	1.7	E 제니 호수 보트를 타고 부두에 내려서 걸으면 좋다. 그렇지 않으면 호수 둘레를 걸어야 한다.
슈바바처 랜딩 트레일 (Schwabacher Landing Trail)	슈바바처 랜딩 로드의 89번 고속도로	1.1	E 스네이크강과 티턴 봉우리를 감상할 수 있다.
델타 트레일 (Delta trail)	루핀 트레일 입구	11.4	M 마지막 바위산을 오르면 빙하가 녹은 호수가 있다.
존 몰튼 반 (John Moulton Barn)	모먼 로우(Mormon Row) 지역	0.3 (도보 10분)	E 헛간 뒤로 그랜드 티턴 산맥이 우뚝 솟아 있는 풍경의 미국 서부의 상징적인 랜드마크다.
리 레이크 (Leigh Lake)	스트링 레이크 트레일 입구 (String Lake Trailhead)에서 출발	2.8	E 짧고 평탄한 트레일 바람이 적어서 카약, 카누, 패들보드(SUP) 타기에 최적의 장소이다.

옐로스톤

트레일	위치	길이(Km)	난이도, 주의점
페어리 폴 트레일 (Fairy Falls)	파이어홀 베어 관리구역	6.6	E 자전거를 탈 수 있다. 평평한 비포장 도로다.
그랜드 프리즈머틱 스프링 오버룩	페어리 폴 트레일 입구	1.0	E 그랜드 프리즈머틱 전체를 볼 수 있다.
그랜드 프리즈머틱 스프링 (Grand Prismatic Spring)	미드웨이 그랜드 프리즈머틱 주차장	-	E 주차장에서 이어진 보드워크를 따라 걷는 짧은 길이다.
매머드 핫 스프링스 (Mammoth Hot Springs)	매머드 핫 스프링스 주차장	2.1	E 근처에 앨브라이트 방문자 센터(Albright Visitor Center)가 있어서 화장실을 쓸 수 있다.
엉클 톰스 트레일 (Uncle tom's Trail)	옐로스톤 오브 그랜드 캐니언	0.6	M 짧지만 가파르다. 옐로스톤 오브 그랜드 캐니언의 로어 폭포 가까이 내려갈 수 있다.

글레이셔

트레일	위치	길이(Km)	난이도, 주의점
그리넬 글레이셔	매니 글레이셔 호텔 매니 글레이셔 호텔에서 보트 탈 수 있음 (예약 필수)	16.6	M 완주하면 빙하에 도착할 수 있다.
히든 레이크	로건 패스 방문자 센터	2.4/4.8	E 보드워크 계단을 따라 오버룩까지는 2.4km M 정상까지는 4.8 주차장이 매우 혼잡하다.
세인트 메리 폭포 버지니아 폭포	메리 폭포 트레일 입구	5.0	E 세인트 메리 폭포와 버지니아 크릭을 올라가서 버지니아 폭포까지 가는 트레일.
아발란치 호수	맥도널드 호수 부근	9.9	M 인기가 많은 곳이니 이른 시간에 갈수록 좋다. 마지막 구간에서 물놀이를 하거나 수영을 할 수 있다.

자이언

트레일	위치	길이(Km)	난이도, 주의점
왓치맨 트레일 (Watchman Trail)	방문자 센터	3.5	E 스프링데일의 전망을 볼 수 있다.
에인절스 랜딩 (Angels Landing)	더 그로토	8.7	S 레크리에이션 앱을 통해 추첨에 성공해야 정상까지 오를 수 있다. 스카우트 룩아웃에서 정상까지 가는 길은 쇠줄을 잡는 구간이 많은 위험한 길이다. 스카우트 룩아웃까지는 추첨 없이 오를 수 있다.
리버사이드 워크(Riverside Walk)를 지나서 더 내로스 (The Narrows)	템플 오브 시나와바 정류장	3.0	E 리버사이드 워크는 왕복 3km의 정비된 길이다. S 더 내로스는 내로 강을 걷는 트레일이다.
캐니언 오버룩 (Canyon Overlook)	카멜 터널 바깥의 주차장	1.6	E 가족 단위로 걷기 좋은 트레일. 20분 정도면 오를 수 있다.
에메랄드 풀	자이언 로지	로어 에메랄드 풀까지 1.3 로어 에메랄드 풀에서 어퍼 에메랄드 풀까지 0.7	E 로어 에메랄드 풀까지는 포장된 길이 많고 경사가 완만해서 아이 동반 가족에게도 적합하다. M 어퍼 에메랄드 풀까지는 경사가 심한 편이다.

아치스

트레일	위치	길이(Km)	난이도, 주의점
더 윈도즈 트레일 (The Windows Trail)	윈도즈 트레일 헤드	1.6	E 필수 코스! 늦은 오후에 더 아름답다.
파이어리 퍼니스 (Fiery Furnace)	파이어리 퍼니스 트레일 헤드	걷기 나름	M 미리 허가를 받아야 트레일을 걸을 수 있다. GPS가 작동하지 않으므로 지도를 다운로드하자.
데블스 가든 (Devil's Garden)	데블스 가든 주차장	랜드 스케이프 아치 3.4 총 길이 8.1	E 랜드스케이프 아치까지는 포장된 길이 이어진다. M 랜드스케이프 아치 이후로는 물과 에너지가 많이 필요하다.
델리키트 아치 (Delicate Arch)	울프 랜치	5.0	E 암각화를 찾으며 길을 걸어보자.

캐니언 랜드

트레일	위치	길이(Km)	난이도, 주의점
메사 아치 (Mesa Arch)	메사 아치 주차장	0.8	E 걷기 쉬운 트레일이다.
그랜드 뷰 포인트 트레일 (Grand View Point Trail)	그랜드 뷰 포인트 주차장	4.0	M 그늘이 없으니 선크림을 바르고 모자를 챙기자. 물을 충분히 챙겨야 한다.

셰넌도어

트레일	위치	길이(Km)	난이도, 주의점
스토니 맨 트레일 (Stony Man Trail)	스카이 랜드 지역	2.5	E 셰넌도어에서 두 번째로 높은 포인트
밀 프롱 (Mill Prong)	빅 메도우 지역	6.4	M 후버 라피단 캠프까지 왕복할 수 있는 트레일
폭스 할로우 (Fox Hollow)	디키리지 방문자 센터 부근	3.2	E 가족 단위 방문객도 쉽게 오를 수 있다
혹스빌 마운틴 정상 (Hawksbill Mtn Summit)	로워 혹스빌 주차장	3.4	M 셰넌도어에서 가장 높은 포인트 바위 능선을 따라 트레킹하는 곳이 몇 군데 있다.

아카디아

트레일	위치	길이	난이도, 주의점
바 아일랜드 (Bar Island)	바 하버	2.2	E 물길이 열릴 때를 확인할 것
서밋 패스 (Summit Path)	캐딜락 마운틴 정상 주차장	0.5	E 정상까지 가는 도로 이용권 예약할 것
비하이브 (Beehive)	샌드 비취 구역	2.4	S 철제 가로대를 잡고 기어올라야 하는 구간이 있다. 어린아이 또는 고소공포증이 있는 사람은 오르기 힘들다.
조던 호수 트레일 (Jordan Pond)	조던 호수 주차장	5.0	M 조던 호수 가장자리를 따라 걷는 길
오션 패스 (Ocean Path)	샌디 비치(Sand Beach) 주차장	4.3	M 비하이브 트레일 주차장에서 시작. 썬더 홀과 오터 클리프를 지나는 길. 길을 따라 남쪽으로 가면 메인만의 탁 트인 경치를 감상할 수 있다.

콩가리

트레일	위치	길이	난이도, 주의점
더 보드워크 (The Boardwalk)	해리 햄튼 방문자센터	3.86	E 홍수 기간에는 일부 구간이 접근이 불가능할 수 있다.